Rede - Diät

Tatjana Lackner & Nika Triebe

REDE - DIÄT

So halten Sie Ihre Rhetorik schlank

Tatjana Lackner & Nika Triebe

Residenz Verlag

Bibliografische Information der Deutschen Bibliothek
Die Deutsche Bibliothek verzeichnet diese Publikation in der Deutschen Nationalbibliografie; detaillierte bibliografische Daten sind im Internet über http://dnb.ddb.de abrufbar.
Wir danken Nikolaus Riemerschmid für die Unterstützung.

www.residenzverlag.at

Grafische Gestaltung/Satz: Angelique Spanoudis
Lektorat: Afra Margaretha
Gesamtherstellung: Pfeifer Druck
ISBN 3-7017-3005-9

Wir stellen Ihnen die erste Diät vor, in der Kalorien zählen und Fettzellen keine Rolle spielen. Denn alles, was Sie mit dem Mund machen – essen, reden, küssen, lachen – muss Spaß machen.

Nach mehr als 50.000 Einzeltrainings in den letzten 15 Jahren haben wir uns einen repräsentativen Überblick über die klassischen rhetorischen Problemzonen verschafft. Alle unsere Kunden wollten

- die eigene Wirkung verbessern,
- auch in schwierigen Situationen souverän agieren,
- Rhetorik als Karrierefaktor einsetzen,
- durch Persönlichkeitstraining den Horizont erweitern,
- durch gezielte Übungen das Sprachniveau heben.

Genau diese Bedürfnisse stillt das Trainingsprogramm der „Rede-Diät". In nur 21 Tagen erlangen Sie einen profunden Einblick in die Bereiche:

- Rhetorik
- Persönlichkeitsentwicklung
- Stimme
- Sprache
- Outfit und Stil

Erklärungen, Beispiele und Grafiken bringen Ihnen jeden Tag ein neues Thema näher. Sie werden Ihre Ausdrucksweise verbessern und gezielte Impulse bekommen, um Ihre Persönlichkeit weiter zu entwickeln. Der Diätplan am Ende jedes Kapitels hilft Ihnen, die Inhalte nicht nur zu verstehen, sondern auch anzuwenden. Am nächsten Morgen geht es wie bei einer Abspeck-Kur auf die Waage. Sie zeigt Ihnen, woran Sie noch konsequenter arbeiten müssen und an welchen Stellen die Kur schon wirkt. Wir haben besonders darauf geachtet, die Inhalte leistungssteigernd aufzubauen. Starten Sie daher mit dem ersten Tag und arbeiten Sie das Buch konsequent bis zum 21. Kapitel durch!

Die „Rede-Diät" wird Ihnen auch noch als übersichtliches Nachschlagewerk dienen, wenn Sie das Trainingsprogramm bereits erfolgreich absolviert haben. Der besseren Lesbarkeit wegen haben wir bewusst auf die Genderformulierungen verzichtet. Wir wünschen Ihnen viel Freude damit!

Tatjana Lackner
Nika Triebe

Idealmaße: Gibt es die?

1. Kapitel
Nika Triebe

Sie kennen diesen Menschen, der das gewisse Etwas hat. Der immer gut gelaunt wirkt. Ja, genau der, der alleine zur Party kommt und doch nie einsam herumsteht. Seine Vorstellungen setzt er gegen alle Widerstände durch. Wenn Emotionen hochgehen, bleibt er souverän. Während seiner Präsentationen hört sein Publikum nicht nur höflich zu, nein, es lauscht gespannt! Er sieht nicht außergewöhnlich gut aus, es ist auch nicht so sehr das, was er sagt – und trotzdem beeindruckt er. Wenn es so etwas gäbe wie einen BMI (Body-Maß-Index) für gutes und authentisches Auftreten, dieser Mensch hätte die Idealfigur.

Wir sehen ihm zu und fragen uns: Wie macht der das? Es ist so ernüchternd wie der Blick in den Spiegel, nachdem man zwei Stunden lang Angelina Jolie in Großaufnahme auf der Leinwand bewundert hat.

Die Frage ist: Was trennt uns von unserem Ideal?
Ideale sind sehr verschieden. Sie sind durch Zeitgeist, Kultur und geographische Lage geprägt. Das gilt auch für die Kommunikation.

**Den perfekten Rhetoriker gibt es nicht. Die Frage ist vielmehr:
In welchem Umfeld möchten Sie punkten?**

Der Anfang Ihres Trainings gestaltet sich noch leicht. Im ersten Schritt geht es darum, die Sinne zu schärfen, beobachten zu lernen. Ein altes chinesisches Sprichwort sagt: „Was du jeden Tag siehst, wirst du bald nicht mehr sehen." Lernen Sie, die Menschen, die Sie umgeben, mit neuen Augen zu betrachten.

- Wer sind die Menschen, mit denen Sie häufig sprechen?
- Wie sprechen Ihre Freunde, Ihre Kollegen?
- Welche sprachlichen Unterschiede können Sie zwischen Ihrem privaten und Ihrem beruflichen Umfeld feststellen?
- Was gefällt Ihnen an dem, was Sie hören, sehen oder riechen? Was nicht?
- Würden andere Menschen besser zu Ihnen passen? Warum?

Die gute Nachricht → Sie wirken besser als Sie denken!
Die schlechte Nachricht → Sie denken zu wenig über Ihre Wirkung nach!

Decken Sie versteckte Kalorien auf!

Die einfachste Möglichkeit herauszufinden, inwieweit die Menschen bewusst mit Sprache umgehen, ist, auf Sprachmarotten zu achten. Stellen Sie sich folgende Situation vor: Sie nehmen an einem Vortrag teil und können trotz aller Anstrengung nach kurzer Zeit dem Inhalt nicht mehr folgen. Das liegt wahrscheinlich nicht an

Ihrer letzten Nacht. Auch nicht am Inhalt der Präsentation, denn der würde Sie wirklich interessieren. Es liegt am Vortragenden. Punkt.

Er pflegt eine innige Beziehung zum Wörtchen „sozusagen“. Und er denkt nicht daran, sie geheim zu haltenn. Sie hingegen schließen bereits – sehr im Geheimen – mit sich selbst eine Wette ab. Wie oft wohl in der nächsten Minute dieses Füllwort fallen wird? Fünf Mal – Rekord!

Relativierende Füllworte

- **sozusagen**
- **einfach**
- **sag ich mal**
- **irgendwie**
- **eigentlich**
- **vielleicht**

Wer häufig relativierende Füllworte verwendet, möchte sich nicht festlegen. Diese Worte sollen Zeitgewinn schaffen und als Airbag dienen, falls der eine oder andere Begriff nicht zu 100 Prozent stimmig ist. Zeit bringen sollen auch Satzeinleitungen, wie: „Ehrlich gesagt“. Besonders bei Politikern ist diese Floskel höchst irritierend. Sagen sie denn sonst immer die Unwahrheit?

„Ich glaube ...“ oder „Ich denke ...“ sind durchaus positive Ich-Botschaften. Peinigend wird es, wenn diese Glaubensbekenntnisse allzu viele Satzanfänge zieren. So wie bei den allseits beliebten „Ähhhs“ handelt es sich auch beim inflationär vorkommenden „Ich glaube ...“ um Sprachspeck. Bei Dreijährigen ist es durchaus verständlich und vielleicht sogar niedlich, wenn sie einzelne Sätze mit „... und ...“ verbinden. Bei Jugendlichen drückt man auch noch ein Auge zu – das Entzücken jedoch ist merklich abgekühlt. Zäh wirken lange Sätze, die nur mit „... und ...“ verbunden sind!

Achtung! Verstecktes Fett!

- **Füllworte**
- **pausenlos sprechen**
- **Fülllaute**
- **Wiederholungen**
- **zu lange Sätze**

Sie beobachten andere doch beim Sprechen, ja? Wenn Sie einen Satz beenden, senken Sie die Stimme und machen einen Punkt, ja? Ganz sicher endet Ihr Satz nicht mit einem fragenden „Ja“, oder? Falls doch, haben Sie gerade eine neue Problemzone entdeckt, nicht wahr? Jeder lacht schon insgeheim darüber und Sie wissen es gar nicht, oder?

Im Alltag befinden wir uns in einem Sprechdenk-Prozess, das bedeutet, wir denken und sprechen gleichzeitig. Die meisten Menschen nehmen ein vages Gefühl als Grundlage ihrer Argumentation. Die Stringenz – die Schlüssigkeit der Gedanken

– fehlt, die Argumentation beginnt sich im Kreis zu drehen und das Ziel geht verloren. Struktur und gedankliche Klarheit sind das Fundament der erfolgreichen Kommunikation.

Nicht schlingen!

Kurze Sätze sorgen für bessere Verständlichkeit und prägnantere Formulierungen. Ein Richtwert: Ein Satz hat 12 bis 15 Worte; Hauptsatz – Nebensatz – Punkt. So ist er optimal verständlich. Am Ende des Satzes senkt sich die Stimme und eine kurze Pause folgt. Eine gute Gelegenheit, um auch mal einzuatmen! Ihr Partner wird es Ihnen danken. Selbstverständlich zählt niemand tatsächlich nach, wie viele Worte die einzelnen Sätze haben. Es geht vor allem darum, Bewusstsein für die Struktur und die Melodie der Sprache zu gewinnen.

Machen Sie einen kleinen Versuch!
Lesen Sie folgenden Satz laut und deutlich.
Männer sprechen im Durchschnitt 7000 Worte am Tag sagt eine Untersuchung Frauen ungefähr viermal so viel der Wortschatz von Frauen ist häufig besser als der von Männern daraus kann man schließen durch Sprechen üben wir auch unseren Wortschatz.

Anstrengend. Konnten Sie während des Sprechens noch denken? Haben Sie mitbekommen, was Sie gerade gelesen haben? Probieren Sie den Satz gleich noch einmal – mit den richtigen Pausen!

***Männer** sprechen im Durchschnitt **7000 Worte** am Tag, sagt eine Untersuchung. **Frauen** ungefähr **viermal** so viel. Der **Wortschatz** von **Frauen** ist häufig besser als der von **Männern**, daraus kann man schließen: Durch **Sprechen** üben wir auch unseren **Wortschatz**.*

Punkte und Pausen geben Ihnen Zeit zum Nachdenken, und Ihr Kommunikationspartner kann leichter folgen.

Diätplan Tag 1

Rezeptvorschlag: Frühstück	**Beispiel:**
• Was hören Sie als Erstes am Tag? • Wie grüßt man Sie? • Grüßt man Sie überhaupt? • Schauen Ihnen die Menschen in die Augen beim Grüßen? • Schenkt man Ihnen ein Lächeln? • Werden ein paar freundliche Worte gewechselt?	*Moageeen!* *Gudn Moagn!* *Grüß Sie!* *Guden Daag!* *Servas …*

Rezeptvorschlag: Mittagessen	**Beispiel:**
• Führen Sie bewusst ein Übungsgespräch! • Wenn Sie am Telefon nicht gleich jemanden erreichen, achten Sie darauf, wie die Mailbox klingt! • Konzentrieren Sie sich von Anfang bis Ende auf die Sprechweise des anderen!	*Wie klingt die Stimme? Leise/hoch/desinteressiert/konzentriert?* *Wie werden die Sätze begonnen, wie beendet? Gibt es Füllworte oder Laute? Bewusste Pausen?* *Immer wiederkehrende Formulierungen?* *Ist das Gespräch lebhaft?*

Rezeptvorschlag: Abendessen	**Beispiel:**
Schreiben Sie ihre Gedanken nieder! • Mit welchen Menschen umgeben Sie sich privat? • Welche Themen verbinden Sie und Ihre Gesprächspartner/in/ Freunde? • Wie gehen andere mit Sprache um? Verrät Ihre Sprache etwas über Erziehung, Bildung oder den Beruf? • Vergleichen Sie, wie in den Medien gesprochen wird und wie Ihre Arbeitskollegen und Freunde sprechen! Schreiben Sie Ihre Gedanken nieder!	*Familie:* *Freunde:* *Kollegen:* *Medien:*

2. Tag
Die Waage zeigt Ihren Erfolg:

Sie sprechen bereits in kürzeren Sätzen

Ihnen fallen störende Füllworte und Fülllaute auf

Slang-, Milieu- und Dialekteinflüsse sind Ihnen bewusst

Wie viel wollen Sie abspecken?

2. Kapitel
Tatjana Lackner

Wenn Sie weniger Füllworte in Ihre Rede packen, hat das einen Vorteil: Sie relativieren sich nicht ständig selbst. Sie kommen schneller zum Punkt und werden früher verstanden. Rededesign ist wichtig, um sich von Dampfplauderern deutlich abzuheben. Monotonie in der Stimme ist nicht Schicksal, sondern behebbar! Sie werden erfahren, was es heißt, mit Ihrer Stimme zu faszinieren. Die Mailbox Ihres Handys zum Beispiel ist eine Möglichkeit, Ihre Stimme zu präsentieren.

Woran werden Sie Ihren Erfolg nach 21 Tagen messen?
Ihre Argumentation wird nach diesem Training schlanker und treffsicherer sein. Sie brauchen weniger Worte, um den Kern einer Sache zu erklären. Ihr natürliches Redetempo wird Sie souverän wirken lassen. Vorbei ist die Zeit der Fast-Food-Rederei. Dieses Buch bildet Sie nicht nur zum interessanteren Redner, sondern auch zum besseren Zuhörer aus. Nur wer sich mit anderen austauscht, kommt zu den richtigen Informationen. Sie werden erkennen, wo Sie sprachlich würzen müssen.

Messen Sie Ihren Diäterfolg vor allem am Feedback Ihres Umfelds!
Skizzieren Sie kurz und präzise, woran Sie erkennen werden, dass die 21 Tage Wirkung gezeigt haben!

Was ich erreichen möchte	Was ich abspecken möchte
Beispiel: *Ich möchte in Diskussionen mehr Aufmerksamkeit erreichen und mich besser durchsetzen.*	**Beispiel:** *Verlegenheitsworte, Unsicherheit*

Woher kommt der Redespeck?
Wir haben mit acht Jahren anders gesprochen, als wir mit achtzig Jahren sprechen werden. Dazwischen liegt unser Leben. Ein Entwicklungsprozess, der von unseren

1) **Erfahrungen,**
2) **Wünschen und**
3) **Lebensphasen**

geprägt ist. Durch diese drei Faktoren hat sich Redespeck angesetzt.

1) Ihre Erfahrungen – ausgesprochen!

Schon im Kindergarten merken Eltern, wie stark sich der sprachliche Einfluss von anderen auf das eigene Kind auswirkt. Diese Prägung setzt sich in der Schule fort. Der persönliche Sprachstil wird besonders durch den Deutschunterricht geformt. Das erste Mal werden unsere Formulierungen und Sätze zu einem vorgegebenen Thema beurteilt. Nicht jeden motiviert diese Benotung, sich intensiver mit dem eigenen Sprachmuster auseinander zu setzen. Durch das Arbeitsleben werden wir sprachlich routinierter. Wir nehmen Fachbegriffe und den branchenüblichen Jargon auf. Die vielen Telefonate und Besprechungen machen uns zwar selbstsicherer in unserem Auftreten, durch die Routine sammelt sich aber auch Redespeck an. Mit den Jahren kann also durchaus aus einem ehemals introvertierten Schüler ein Dampfplauderer werden.

Die individuelle Ausdrucksweise wird stark durch den Beruf geprägt: Werbefachleute argumentieren anders als Sozialarbeiter. Die Gesprächsführung eines Wirtschaftsprofessors unterscheidet sich von der eines Fernfahrers. Doch nicht nur der Beruf, auch familiäre Einflüsse und das private Umfeld sind in unserer Sprache hörbar.

Notieren Sie Ihre Erfahrungen:

Wer hat Sie in den letzten Jahren sprachlich geprägt? In manchen Sätzen hört man die Prägungen sogar namentlich heraus.

Beispiele:

„Meine Oma hat immer gesagt: ‚Man soll den Tag nicht vor dem Abend loben.'"
„Du klingst schon genauso wie mein Vater – immer dieselben Vorwürfe!"
„In unserer Familie ist es seit Jahren gang und gäbe, dass ..."

Partner und Familie

Positive Erfahrungen	Negative Erfahrungen	Beispiel:
		Mein Vater hat mich immer unterbrochen.

Arbeitgeber und Kollegen

Positive Erfahrungen	Negative Erfahrungen	Beispiel:
		Mich beeindruckt die Gesprächsführung meiner Chefin bei Kundenterminen.

Medieneinflüsse

Positive Erfahrungen	Negative Erfahrungen	Beispiel:
		Gerne lese ich die Kolumne von Robert Solé in Le Monde.

Fachliteratur

Positive Erfahrungen	Negative Erfahrungen	Beispiel:
		Juristische Basisliteratur erweitert mein Fachwissen. Leider verkümmert dabei meine bildhafte Sprache.

Sonstiges

Positive Erfahrungen	Negative Erfahrungen	Beispiel:

2) Ihre Wünsche – wörtlich genommen!

Welche Wünsche haben Sie sich noch nicht erfüllt und worin sehen Sie die Hauptursache? Schuldzuweisungen und Gründe finden sich schnell. Es ist leicht zu erklären, warum ein Ziel nicht erreicht und wodurch der Erfolg verhindert wurde. Manche dieser Frustrationen fließen in unseren Sprachgebrauch ein (s. Kapitel 15).

Beispiele:

„Wenn mein Mann nicht wäre, ich hätte schon lang einen Hund."
„Wenn die Kinder aus dem Haus sind, habe ich wieder mehr Zeit für mich."
„Sobald mehr Geld übrig bleibt, werde ich mich weiterbilden."
„Sobald wir auf Urlaub sind, haben wir Zeit füreinander."
„Wäre ich jünger, würden sich die Männer nach mir umdrehen."

Vielen Menschen fällt es schwer, ihre Wünsche in einem Satz auszudrücken. Versuchen Sie es hier!

Beruflich

Wunschformulierung in einem Satz	Schuldzuweisung	Verhinderung
Beispiel: *Ich möchte endlich einen Spanischkurs machen.*	*Meine Chefin überhäuft mich mit Arbeit.*	*Zeitmangel*

Familiär

Wunschformulierung in einem Satz	Schuldzuweisung	Verhinderung

Persönlich

Wunschformulierung in einem Satz	Schuldzuweisung	Verhinderung

3) Ihre Lebensphasen – raus mit der Sprache!

Der Zukunfts- und Trendforscher Matthias Horx beschäftigt sich mit Veränderungen in den Lebensphasen der Erwachsenen. Eine Frau mit 55 Jahren zum Beispiel ist heute in einer anderen Lebenssituation als in den 50er Jahren. Damals war sie alt, gemessen an der Lebenserwartung und der Möglichkeit zur Selbstverwirklichung. Heute beginnen 55-jährige Frauen neue Sportarten, lernen Sprachen etc.
Der Lebens-Zenit verschiebt sich von früher 35 Jahren auf heute 50 Jahre. So, wie sich die Gesellschaft verändert, unterliegt auch unsere Sprache einem ständigen Wandel. In der Phase der ersten romantischen Beziehungen bewegen uns andere Themen als in den Jahren der Familiengründung und Berufsetablierung. Zwischen 40 und 45 Jahren erzählen Menschen dann oft von ihrer Neuorientierung, sowohl in der Liebesbeziehung als auch im Job. Ich-Sätze werden laut.

Beispiele:
„Ich kümmere mich nach der Scheidung vor allem um mich selbst."
„Ich möchte endlich machen, was mir Spaß macht!"
„Ich musste lange warten, bis ich schließlich meine Persönlichkeit entfalten konnte."

Ab dem Alter von 60 Jahren ändern sich bei vielen Menschen die Lebensthemen noch einmal komplett. Ein dritter Lernzyklus (spätes Studium, Hinwendung zu Kunst und Kultur) beginnt. Es kann sich sogar ein neuer Beruf daraus entwickeln (Berater, Mentor ...).

In der dritten Partner-Phase, die Horx beschreibt, wird ganz anders kommuniziert als in Partner-Phase 1 und 2. Jede Lebensphase ist von einer eigenen Sprache bestimmt. Pubertierende verwenden verstärkt Kraftausdrücke und suchen auch sprachlich nach Steigerungsformen: ur-, mega-, voll, tierisch-. Eltern von Kleinkindern klingen häufig noch kindlicher als ihr Nachwuchs. Bei Studenten kann man hören, wie Fachtermini rund um die universitäre Ausbildung in die Alltagssprache einfließen. Leicht wirken sie dadurch pseudoakademisch und besserwisserisch, da primäres Wissen vorgetäuscht wird, obwohl nur Horizonterweiterung stattfindet. Unter primärem Wissen versteht man jenes, das auf Erkenntnissen und eigenen Erlebnissen beruht. Sekundäres Wissen dagegen basiert nicht auf Erfahrung, sondern ist angelernt oder angelesen.

Was haben körperliches Übergewicht und Redespeck gemeinsam?	Woran erkennen Sie Redespeck?
Gene/Erziehung	Milieusprache durch Unworte und Kraftausdrücke, familientypische Redewendungen, Schimpfworte, Artikulationsmangel ...
falsche Vorbilder	Schlaumeierei, alters-inadäquater Redestil, sprachliche Untergriffe und Ausgrenzungen, Cliquen-Sprache ...
mangelndes Training	Unsicherheit beim Sprechen und damit verbundene Verlegenheitsfloskeln, mangelnde Betonung und Stimm-Modulation, falscher Umgang mit Lautstärke und Tempo ...
fehlende Disziplin	mangelnde Sprechstruktur, Reden ohne Punkt und Komma, fehlende Gesprächskultur in Streitsituationen, permanentes Unterbrechen ...
Gleichgültigkeit	unkritisches Sprechverhalten führt zu: Verkleinerung des Wortschatzes, Schachtelsätzen, Konjunktiven, relativierenden Füllworten (manchmal, irgendwie, oder so ...).

Wie können Sie Redespeck vermeiden, worauf sollten Sie achten?

Befreien Sie sich von Dampfplauderern.

1) Unterbrechen Sie Vielredner!
2) Fassen Sie Ergebnisse zusammen und streichen Sie den gemeinsamen Nenner heraus!
3) Formulieren Sie Fragen so präzise, dass kein Interpretationsspielraum bleibt!

Formulieren Sie knapp und knackig.

1) Verzichten Sie auf Schachtelsätze und Konjunktive!
2) Hauptgedanken gehören in Hauptsätze, Nebengedanken in Nebensätze. Nicht umgekehrt!
3) Vermeiden Sie nach Möglichkeit relativierende Füllworte (irgendwie, ein bisschen, manchmal usw.)

Bauschen Sie Ihre Zielsetzungen nicht auf.

1) Eine Aussage soll nicht mit Abschweifungen verwässert werden.
2) Ein Ziel muss positiv und messbar formuliert sein.
3) Erreichbare Zieletappen und Kontrolle sind nötig.

Diätplan Tag 2

Rezeptvorschlag: Frühstück	**Beispiel:**
Achten Sie auf Ihre eigenen Füllworte und Phrasen! Welche verwenden Sie zu oft? • irgendwie • ein bisschen • vielleicht • sag ich mal • mehr oder weniger • in Wirklichkeit • eigentlich • manchmal • quasi • einfach • vor allem	*Mein Mann zieht mich manchmal auf, weil ich als Schweizerin Sätze mit „oder?“ beende.*
Durch welche Synonyme können Ihre sprachlichen Dickmacher ersetzt werden? • meine Füllphrase • ____ • ____ • ____ • wird ersetzt durch • ____ • ____ • ____	Statt: *„Na, wie geht's?“* *Besser: „Gut, dass ich dich getroffen habe, weil …“*

Rezeptvorschlag: Mittagessen	**Beispiel:**
In welcher Lebensphase befinde ich mich zurzeit? 1) Phase des Suchens 2) Phase des Aufbaus 3) Phase des Wachstums 4) Konsolidierungsphase 5) Phase der Verlagerung 6) Phase des Rückgangs 7) andere Phase	Phase des Aufbaus: *Ich bin momentan im ersten Studienabschnitt und lebe in einer WG.*
Welcher Geist prägt Ihren gegenwärtigen Lebensabschnitt? • Macher • Verwalter • Profiteur • Vernetzer • Schöpfer • Erhalter	

Rezeptvorschlag: Abendessen	**Beispiel:**
Formulieren Sie Ihre Wünsche, Hoffnungen und Erwartungen in ein positives Tageshoroskop für morgen! • ____ • ____ • ____	Liebe: Beruf: Gesundheit:

3. Tag
Die Waage zeigt Ihren Erfolg:

Sie kennen Ihre Füllphrasen

Sie vermeiden Schuldzuweisungen

Sie wissen, welches Ziel Sie durch die Rede-Diät erreichen wollen

Überprüfen Sie Ihre Problemzonen: Redeverhalten im Alltag

3. Kapitel
Nika Triebe

Die wichtigen Entscheidungen in unserem Leben treffen wir bewusst. Wir entscheiden uns durch ein deutliches „Ja" für den Partner, die richtige Ausbildung, den passenden Beruf, die beste Pensionsvorsorge, den idealen Wohnort, das komfortabelste Auto, die wirksamste Faltenpflege. Doch wir entscheiden uns nie bewusst für die Form, wie wir kommunizieren.

Überprüfen Sie sich selbst!	**trifft zu trifft /eher nicht zu**
Ich vergeude Zeit mit banalen Plaudereien.	
Ich sage „Ja", wo ich „Nein" sagen sollte.	
Ich neige dazu, anderen nach dem Mund zu reden, wenn ich mir einen Vorteil davon erwarte.	
Manchmal rede ich einfach über irgendetwas, weil mir Schweigen peinlich ist.	
Ich erzähle weitschweifig und ohne Höhepunkt.	
Ich jongliere in beruflichen Gesprächen gerne mit Zahlen, Daten und Fakten.	
Ich stelle wenig Fragen.	
Mir fehlt der Mut, meine Meinung dezidiert auszusprechen.	
Ich weiß, dass ich mich in Diskussionen zu wenig einbringe.	
Es fällt mir schwer, meine Gedanken zu ordnen.	
In Stress-Situationen kann ich keine klaren Gedanken fassen.	
Es kommt vor, dass ich kurz angebunden reagiere.	
Oft beginne ich einen Satz mit „Ja, aber ..."	
Ich neige dazu, nicht richtig zuzuhören.	

Im Alltag läuft die Kommunikation nebenbei und manchmal auch völlig daneben. Einige wenige Grundregeln der Rhetorik und Kommunikations-Psychologie können wie Schmiermittel für Ihren Redealltag wirken:

Mit wem spreche ich?

In jeder Kommunikation dominiert die Beziehungsebene die Sachebene. Folglich geht es im ersten Schritt vor allem darum, die Beziehungsebene auszubauen. Sie ist das Fundament für gute Kommunikation. Viel zu selten machen wir uns bewusst, dass unsere Sprache und auch die Art unserer Gesprächsführung nicht mit jedem Menschen gleich sein können. Sprache ist der Schlüssel zum Verständnis. Besitzen Sie einen Schlüssel, der alle Schlösser öffnet? Wenn ja, laufen Sie rasch zum Patentamt, Sie haben für Ihr Leben ausgesorgt. Wenn nicht, arbeiten Sie weiter und schon bald werden sich zumindest die Türen zu Ihren Mitmenschen leichter öffnen lassen.

Denken Sie an einen für Sie schwierigen Gesprächspartner und beantworten Sie die folgenden Fragen:

- Was verbindet oder trennt meinen Gesprächspartner und mich?
- Wie stehen wir zueinander?
- Ist der Zeitpunkt für das Gespräch günstig?
- Was ist für diesen Menschen wichtig?

Was will ich sagen?

Wie oft beginnen wir einen Satz, ohne genau zu wissen, was wir tatsächlich sagen wollen. Der Mund spricht, das Hirn läuft ihm atemlos hinterher und versucht, den nächsten Gedanken zu fassen. Vor allem in stressigen Situationen kommt es dann zu peinlichen Versprechern, denn das Hirn hat bekanntlich Windungen, Stauzonen für den ungeordneten Gedankenschwall. Für Fließverkehr sorgen klare Sprechstrukturen und einfache Methoden, die während des Sprechens Zeit zum Nachdenken schaffen.

Bei anderen werden Sie diese Sprechstrukturen rasch erkennen. Schon durch das Zuhören lernen Sie! Es erfordert jedoch hohe Konzentration und eine Menge Übung, um selbst in diesen Strukturen zu kommunizieren. Die Mühe zahlt sich aus. Sie lernen, spontan zu argumentieren. Ihre Argumente werden leicht nachvollziehbar und Sie gewinnen Sicherheit.
Solange Sie noch keine definitive Meinung äußern können oder wollen, ist der „dialektische" Ansatz empfehlenswert: Hier stehen zwei ungefähr gleich starke Annahmen (Thesen) einander wertungsfrei gegenüber.

Der dialektische Ansatz:

These	←——→	Antithese

Beispiel:

- *Auf der einen Seite …*
- *XY meint …*
- *Eine Möglichkeit sehe ich in …*
- *Auf der anderen Seite …*
- *AB jedoch ist überzeugt …*
- *Chancenreich scheint mir aber auch …*

Tipp: Streichen Sie Weichmacher wie „Ich sollte …" oder „Ich würde …" aus Ihrem Wortschatz. Wählen Sie die aktive Form, vermeiden Sie den schwammigen Konjunktiv!

Der kausale Ansatz:

früher	▶	heute	▶	zukünftig
Ist – Situation (Status quo)	▶	Ziel	▶	Weg
Einzelfall (Beispiel)	▶	allgemeines Gesetz	▶	Conclusio

In Situationen, in denen Sie eine Meinung darlegen, ist der kausale Ansatz ideal. Kausal bedeutet „ursächlich". Keine Wirkung ohne Ursache, diesem Grundsatz folgend ist es am einfachsten, sich die Abfolge des Geschehens bewusst zu machen.

Beispiel: *Bis vor wenigen Wochen hatte ich enorme Hautprobleme. Die Dermatologin meinte, ich solle auf Schokolade verzichten. Heute ist nicht nur meine Haut besser, ich bin auch 3 Kilo leichter. Auf dem nächsten Opernball kann ich sogar mein Dekolletee zeigen.*

Probieren Sie es selbst. Ihr Thema lautet: Rhetorisch fit in 21 Tagen!

1) Warum haben Sie sich entschlossen, dieses Übungsprogramm zu machen?

____

2) Wie lautet Ihr definiertes Ziel?

____

3) Wie werden Sie es erreichen?

____

Das Gespräch führen

Ärgern Sie sich auch manchmal über politische Diskussionen? Oft entsteht der Eindruck: Die Gesprächsteilnehmer sprechen nicht miteinander, sondern gegeneinander. Im Medium Fernsehen mag das vielleicht bis zu einem gewissen Grad auch sinnvoll sein, handelt es sich doch um eine Art Schaukampf, bei dem der Zuschauer feststellen soll, wer sich besser schlägt. Im „wirklichen Leben" jedoch geht es selten um Sieg oder Niederlage, vielmehr um Austausch und gemeinsame Lösungen. Der Moderator hat eine wichtige Rolle im Fernsehen, er führt das Gespräch durch Fragen. Eine Diskussion, in der keine Fragen gestellt werden, ist wie Butter ohne Brot. Der Magen rebelliert. Doch „fette" Argumente, oft ohne Punkt und Komma vorgebracht, im Wechsel mit Anschuldigungen und im schlimmsten Fall sogar Killerphrasen, führen zu Verstimmungen. Die Kontrahenten reden aneinander vorbei, der Konflikt ist vorprogrammiert.

Machen Sie es anders! Seien Sie Gesprächs-Partner, nicht -Gegner! Hinterfragen Sie die Argumente des anderen. Vor allem am Anfang einer Diskussion ist es wichtig, den anderen richtig zu verstehen, herauszufinden, wie er zu dem Thema steht und wodurch seine Meinung geprägt ist. Nützen Sie dazu die „offene Frage".

Offene Fragen sind jene, auf die das Vis-à-vis vollständige Antworten geben muss. Sie beginnen mit W-Frageworten:

- Wer?
- Wo?
- Wie?
- Was?
- Warum?
- Woher?
- Wodurch?
- Womit?
- Wann?
- Weshalb?

Beispiel: *Woher kommt mein Redespeck?*

Die offene Frage ist der Ballaststoff der Gesprächsführung, sie füllt den Magen und regt den Stoffwechsel an. Es gibt nur ein Fragewort, das oft schwer verdaulich ist: „Warum?" Warum das so ist, finden Sie leicht im Gespräch mit Dreijährigen heraus.

Geschlossene Fragen sind ideal, um Entscheidungen herbeizuführen. Es sind genau die Fragen, die Politiker gerne im Slalomstil umgehen. Nicht immer zur Freude der Wähler. Bei geschlossenen Fragen steht ein Verb am Anfang des Satzes.

Beispiel: *Senke ich die Stimme am Satzende?*

Wenn Sie die Kunst des Fragenstellens beherrschen, werden Sie auch bald eine angenehme Nebenwirkung kennen lernen: Sie gewinnen Zeit, die Sie wunderbar nützen können, um Ihr nächstes Argument vorzubereiten.

Tipp: Lernen Sie, sich kurz zu fassen. Nach spätestens 45 Sekunden Redezeit sinkt die Aufmerksamkeit des Gesprächspartners, Ihre Argumente verpuffen!

Diätplan Tag 3

Rezeptvorschlag: Frühstück

Üben Sie den dialektischen Ansatz. Wählen Sie dafür mindestens drei verschiedene tagespolitische Themen!

Rezeptvorschlag: Mittagessen

Bereiten Sie ein Gespräch vor. Denken Sie darüber nach, was Sie von Ihrem Gesprächspartner wissen und erwarten können.

Rezeptvorschlag: Abendessen

Schauen Sie sich die Nachrichtensendung im Fernsehen an. Analysieren Sie, welche Frageformen in den Interviews vorkommen!

4. Tag
Die Waage zeigt Ihren Erfolg:

Sie beherrschen die wichtigsten Sprechstrukturen

Sie wissen, welche Fragen Sie sich vor einem Gespräch selbst beantworten müssen

Sie kennen den Unterschied zwischen offener und geschlossener Frage

Fitnesstraining für die Stimme

4. Kapitel
Tatjana Lackner

Bei der Rede-Diät geht es auch darum, stimmliche Muskelmasse aufzubauen. Sie sollen schlankere Sätze formen, aber stimmlich dick da sein.

Ihre Stimme – ein Erfolgsfaktor!

Tiefe Stimmen vermitteln meist den Eindruck von Kompetenz und Autorität. Ist eine Stimme nicht nur tief, sondern auch leicht behaucht, wird sie von vielen als sinnlich und erotisch empfunden – egal, ob sie männlich oder weiblich ist. Die Erkenntnisse über die Tiefenwirkung sollten Sie allerdings nicht dazu verleiten, Ihre Stimme gewaltsam nach unten zu drücken. Das Ergebnis wäre eine künstliche Grabesstimme, die auf Dauer den Sprecher anstrengt und nur wenig Ausdruckskraft besitzt. Monotonie, also das Fehlen von Variationen in Tonhöhe und Lautstärke, empfinden viele Zuhörer nicht nur als unangenehm, sondern auch als unheimlich. Für geschulte Ohren ist sie sogar ein Alarmsignal: Völlig monotones Sprechen gehört zu den Symptomen schwerer Depressionen. Wichtig ist, dass Sie auf Klangfarbe, Artikulation, Intonation, Sprechtempo und Lautstärke Ihrer Stimme achten.

Was verrät Ihre Stimme über Sie?

30 Sekunden genügen für den ersten Stimm-Eindruck. Es wird hörbar, wer wir sind, wofür wir stehen und wofür wir uns halten. Unendlich viel schwingt in der Stimme mit: die Biographie eines Menschen, dessen Kultur, soziale Herkunft, Temperament, Anatomie, aber auch seine gegenwärtige Stimmung. Ärger, Nervosität, Freude, Bestimmtheit – nichts zeigt Ihre inneren Regungen so unmittelbar wie der Klang Ihrer Stimme. Styling, Kleidung und Make-up vermögen das Auge zu täuschen – das Ohr bleibt unbestechlich. Durch die Art, wie wir etwas sagen, lässt sich auch heraushören, wie wir das Gesprochene meinen: ironisch, zärtlich, verachtend, resigniert, spottend ... Das alles wird in Sekunden erfasst und interpretiert. Eine unglaubliche intellektuelle Leistung! Egal, in welchen gesellschaftlichen Schichten man forscht: Unangenehme Stimmen gibt es in allen Milieus, selbst in der High Society und in der Promiszene. Die Damen und Herren kämpfen gegen Speckpolster oder lassen sich liften, halten jedoch chronische Heiserkeit oder notorisches „Überhörtwerden" für Schicksal. Phoniater, Logopäden, Sprechtrainer, Kommunikationsforscher, Anatomen oder Gesangspädagogen sind sich einig: Menschen gehen schlecht mit ihrer Stimme um. Sie pflegen Körper und Gesicht mit Hingabe, lassen jedoch ihr wichtigstes Ausdrucksorgan zum Reibeisen verkommen. Es ist schade, dass sie sich so ihrer Wirkung berauben. Jede Stimmlage ist veränderbar. Sie besitzen ein Instrument: Lernen Sie, darauf zu spielen!

Stimmen Sie Ihr Instrument!

Grundspannung im Körper ist die Voraussetzung für optimale Leistung. Bei der Stimmgebung ist das genauso: Körperliche Laschheit, also Unterspannung, führt zu artikulatorischen und stimmlichen Fehlleistungen. Um Spannung zu erzeugen, müssen Sie nicht verkrampft sprechen. Wer beim Reden grimassiert und den Kiefer festhält, wird keine angenehmen oder melodiösen Töne produzieren. Quaken, Quietschen und Pressen sind die Folge. Achten Sie daher auf Ihre entspannte Gesichts- und Halsmuskulatur!

Halten Sie Ihren Körper aufrecht!

Wer sich um natürliche Körperhaltung bemüht, wird richtig atmen und dadurch ungezwungen reden können. Wenn die Luft ungehindert fließen kann, ist ein wesentlicher Teil der Klangbildung gesichert. Achten Sie auch beim Sitzen darauf, dass Ihre Schultern nicht nach vorne hängen und dass Ihr Rücken gerade bleibt. Beim Telefonieren oder Diskutieren etc. ist die aktive Körperhaltung Voraussetzung für optimalen Stimmeinsatz. Wir atmen nur so gut, wie unsere Haltung es erlaubt. Konzentrieren Sie sich vor allem auf die gründliche Ausatmung. Nur wenn Sie die verbrauchte Luft aus dem Körper lassen, kann frische einfließen.

Atmen hilft gegen Lampenfieber!

Lampenfieber hat viel mit Angst vor Bewertung zu tun. Profis leiden genauso unter Versagensängsten wie Neulinge. Die Medizin erklärt das Phänomen mit erhöhtem Adrenalinausstoß, ausgelöst durch den Hypothalamus im menschlichen Gehirn. Es ist ein Teil unseres biologischen Schutzmechanismus, erhöht die Aufmerksamkeit, schützt zugleich vor Überlastung. Im Lampenfieber liegt also auch immer eine Kraft, die wir uns zunutze machen sollten. Durch die anfängliche Aufregung werden Spannungen aufgebaut und Ihr Zwerchfell kann sich nicht mehr natürlich bewegen. Atem ist jedoch die Grundlage für die Energie Ihrer Stimme. Sänger und Schauspieler machen deshalb vor ihrem Auftritt Atemübungen und konzentrieren sich auf ihre Mitte. Die folgenden Übungen helfen Ihnen

- unnötige Spannung abzubauen,
- Ihr Atemempfinden zu schulen,
- gelassener zu sein,
- leistungsfähiger zu werden,
- die Fähigkeit zu entwickeln, im Alltag in Ihrer „Mitte“ zu bleiben.

Während der Rede-Diät absolvieren Sie täglich diese drei Übungen.

Übung 1: In Ihrer Vorstellung riechen Sie an einer duftenden Rose oder einem guten Parfüm. Beim langsamen Riechen atmen wir automatisch richtig.

Übung 2: Stellen Sie sich nun vor, Ihr Körper wäre ein Krug, Ihr Bauchraum wäre der Bauch des Kruges und Ihr Beckenboden wäre der Boden. Die Luft, die Sie einatmen, ist vergleichbar mit Wasser. Mit jedem Einatmen fließt Wasser bis zum Boden und füllt den Bauch des Kruges. Lassen Sie den Atem tiefer fließen, ohne ihn zu forcieren oder zu unterdrücken. Ein- und Ausatmung sind gleichberechtigt.

Übung 3: Legen Sie sich in Bauchlage auf den Boden (Teppich oder Bett sind als Untergrund zu weich). Der Kopf liegt seitlich, die Arme ruhen ebenfalls seitlich an Ihrem Körper. Atmen Sie nun ganz entspannt aus und ein. In dieser Haltung ist es kaum möglich, falsch zu atmen, weil Sie mit untrainiertem Zwerchfell nicht gegen Ihr eigenes Körpergewicht atmen können.

Fokussieren Sie beim Sprechen!

Es ist wichtig, dass Sie Ihre Stimme Hörer- und Raum-orientiert einsetzen. Sie sprechen nicht für sich, sondern zu den Menschen! Der Begriff „innerer Fokus" bezeichnet die Zielgerichtetheit beim Sprechen und diese überträgt sich auf den Zuhörer.

Mit folgender Fokusübung wird das Rhythmusgefühl trainiert, Stimme und Mundmuskulatur werden aufgewärmt: Fokussieren Sie einen Gegenstand im Raum im Abstand von 1,5 m und sprechen Sie ihn bestimmt an mit: **„GRRKST"** – **„DRRTST"** – **„BRRPST"**. Beim Schluss-„t" jedes Wortes darf gespuckt werden. Taufen Sie diesen Gegenstand ruhig mit Wassertropfen!

Schonkost für die Stimme: Wie hängen Stimme und Ernährung zusammen?

Viele Mythen gibt es über Nahrung und geölte Stimmbänder – von hart gekochten Eiern, deren Verzehr die Stimmbänder beeinträchtigen, bis zu Sardinen, die angeblich die Stimme ölen. Anatomisch gesehen sind diese Theorien wenig haltbar. Sollte die Nahrung jemals die Stimmlippen berühren, ist es eher Zeit für den Notarzt. Vor einer längeren Rede sollten Sie nicht zu viel essen, der volle Magen erschwert die Atmung und Ihre Stimme ist somit schlechter gestützt. Wichtig ist, Schleimhäute und Stimmlippen immer feucht zu halten. Nehmen Sie täglich ausreichend Flüssigkeit zu sich, mindestens 2 bis 3 Liter Wasser pro Tag. Bestimmte Getränke trocknen die Schleimhäute aus. Dazu gehören unter anderen Kaffee, Pfefferminztee oder Kamillentee. Grüner Tee ist dagegen empfehlenswert. In Sprechberufen, wie bei Callcenter Agents, Dozenten, Lehrer, Moderatoren etc. ist es wichtig, sich über die Pflege des Sprechapparates zu informieren: Die Stimmhygiene beschäftigt sich mit Maßnahmen zur Verhütung von Stimmkrankheiten, die durch unzweckmäßige Gewohnheiten oder besondere Arbeitsbedingungen hervorgerufen werden.

Die Stimme ist der Seismograph der Psyche. Wir erkennen sogar am Telefon, ob der Gesprächsteilnehmer gut gelaunt ist oder gerade geweint hat. Gefühle, wie „etwas schnürt mir die Kehle zu", „Knödel im Hals" oder „will nichts mehr schlukken" sind fast jedem bekannt. Nach emotional anstrengenden Situationen reagieren einige Menschen sogar mit Halsschmerzen, Angina, Laryngitis …

Sieben Tipps zur Stimmhygiene:

1) Bei Entzündung der Stimmbänder (unüberhörbar!) unbedingt schweigen und den Facharzt aufsuchen. Beim „Summtest" wird dann kontrolliert, ob die Stimmbänder noch schließen. Oft reichen schon ein paar Tage absoluter Stimmruhe.

2) Bei Stimmentzündungen sprechen Sie so wenig wie möglich und gebrauchen notfalls die „Schonstimme": leise, entspannt und tief sprechen bzw. besonders deutlich artikulieren. Aktivieren Sie die Stimme durch zarte „Brummtöne".

3) Keinesfalls sollten Sie bei Kehlkopfentzündungen flüstern oder sich räuspern, das strengt die Stimmlippen noch mehr an!

4) Halsentzündungen können leicht auf die Stimmlippen übergreifen, was bei zusätzlicher Über- oder Fehlbelastung der Stimme zu krankhaften organischen Veränderungen führen kann. Warten Sie daher nicht zu lange und besuchen Sie den Facharzt (HNO, Phoniatrie)!

5) Halten Sie die Kehlkopfpartie warm. Ölwickel (mit Teebaumöl) helfen besonders schnell. Sie können die Halsregion auch mit einer Rotlichtlampe bestrahlen.

6) Trinken Sie viel, am besten nicht zu kalte Getränke ohne Alkohol und Zitrussäure. Säuren reizen entzündete Schleimhäute zusätzlich. Sie können auch inhalieren oder gurgeln, zum Beispiel mit Salbei, Eibisch, Salzwasser ...

7) Lutschen Sie Bonbons, dies regt die Speichelsekretion an und massiert den Kehlkopf. Je nach Ursache der Heiserkeit sind schleimhautglättende (Malz-/Honig-) oder abschwellende (Eukalyptus-) Bonbons empfehlenswert.

Gefahren für die Stimme:

- Räume, in denen man schreien muss, weil der Lärmpegel hoch ist
- Rauchen (Reizung, Austrocknung, Teerablagerung etc.)
- Trockene Heizungsluft, Staub, schädliche Dämpfe, Chemikalien
- Nüsse, Milch, Alkohol, Eis, Schokolade, Menthol und scharfe Gewürze
- Heiße und kalte Getränke: Trinken Sie körperwarm!
- Brüllen – am Telefon und anderswo
- Gequetschtes Lachen (kann die Stimmlippen belasten)
- Stimme verstellen (Theologen, Erzieher, Kabarettisten, Sänger usw.)
- Kalte Luft ist nicht optimal, sprechen Sie im Winter so wenig wie möglich im Freien!
- Stress, Angst („Angst schnürt die Kehle zu")

Diätplan Tag 4

Rezeptvorschlag: Frühstück	**Beispiel:**
Was mögen Sie an Ihrer Stimme, was nicht? (Bitte jeweils drei Beispiele!) • das Plus meiner Stimme • verbesserungswürdig • ______ • ______ • ______ • ______ • ______ • ______	*Das Plus meiner Stimme: strapazierfähig, laut und klar, klingt weiblich* • *Meine Stimme klingt zu hoch.* • *Ich werde oft mit meiner Mutter verwechselt.* • *Finde mich selbst zu monoton.*

Rezeptvorschlag: Mittagessen	**Beispiel:**
Was hören Sie aus fremden Stimmen alles heraus? **Achten Sie beim Telefonieren konkret darauf, wie Sie sich Ihren Gesprächspartner vorstellen. Sinnvoll ist es, fremde Menschen zu analysieren.** Telefonat mit: Analyse: • ______ • ______ • ______ • ______ • ______ • ______	*Telefonat mit: dem neuen Lieferanten* *Analyse der Stimme:* *männlich* *Mitte dreißig* *Muttersprache: Kroatisch* *Akzent im Deutschen* *warme Stimme* *wirkt vertrauenswürdig*

Rezeptvorschlag: Abendessen	**Beispiel:**
Wie gehen Sie mit Lampenfieber um? **Wie verändert sich Ihre Stimme in stressigen Situationen?** • Lampenfieber hatte ich zuletzt … • ______ • ______ • ______ • Meine Stimme wird … • ______ • ______ • ______	*Lampenfieber hatte ich zuletzt …* *bei der Taufe meiner Nichte, als ich die Fürbitten vor der versammelten Kirchengemeinde lesen musste* *Meine Stimme wird …* *metallisch und meine Atmung sehr flach*

5. Tag
Die Waage zeigt Ihren Erfolg:

Sie kennen die Grundzüge der richtigen Atmung

Sie wissen, was Ihrer Stimme gut tut

Sie können die Qualität Ihrer Stimme selbst einschätzen

Small Talk: Fingerfood der Rhetorik!

5. Kapitel
Nika Triebe

Wer Small Talk beherrscht, macht Lust auf mehr! Bestimmt sind auch die stillen, zurückhaltenden Wesen sehr reizvoll. Doch waren Sie schon mal angeheitert von stillem Wasser?
Das Schwierigste am Small Talk ist sicher der erste Schritt. Ihr Interesse an fremden Menschen muss größer sein als die Angst, dass das Gespräch womöglich nicht in Gang kommt. Schüchtern sind viele. Die Chance, dass Ihr Vis-à-vis genauso schüchtern ist wie Sie, liegt bei 40 Prozent, zeigen Studien. Der erste Schritt ist ein Sprung – ein Sprung ins kalte Wasser!

Beantworten Sie folgende Fragen:

- Was mache ich am liebsten?
- Was kann ich besonders gut?
- Worauf könnte ich nur schwer verzichten?
- Was interessiert mich besonders?
- Womit beschäftige ich mich häufig?
- Wofür loben mich andere?
- Was war das Aufregendste in letzter Zeit?

Je mehr Antworten Sie gefunden haben, desto besser!

Stellen Sie fest, über welche Themen Sie besonders gerne reden. Aber Vorsicht: Krankheitsgeschichten, Politik und Religion können auf den Magen schlagen. Wer über Sex spricht, spricht nur davon. Zuckerwatte ist eine wahre Kalorienbombe – verzichten Sie lieber auf Witze!

Ihre Snackauswahl fällt leichter mit dieser Tabelle. Welche Themen sprechen Sie an? Es reicht völlig, wenn Sie Freude an dem Thema haben, Sie müssen nicht Experte sein!

- Reisen
- Sport
- Kulinarik
- Mode
- Society
- Musik
- Film
- Theater
- Wirtschaft
- Autos
- Wissenschaft
- Geschichte
- Weiterbildung
- EDV
- Literatur

Welche Bereiche passen noch besser zu Ihnen?

- ____________
- ____________
- ____________
- ____________
- ____________
- ____________

Anti-Small-Talk-Tipps oder wie Sie den Gesprächspartner sicher loswerden:

1) Langweilen Sie Ihren Gesprächspartner, im Handumdrehen werden Sie wieder alleine sein! Reden Sie am besten übers Wetter. Was es heute in der Kantine gab. Wie lange Sie mit der Straßenbahn hierher gebraucht haben.

2) Lassen Sie Ihr Vis-à-vis im Dunkeln tappen. Geben Sie nur nichts von sich preis!

3) Antworten Sie kurz angebunden mit „hmm" oder „ja".

4) Zeigen Sie kein Interesse! Lassen Sie den Blick durch den Raum schweifen und sprechen Sie bewusst leise und monoton.

5) Löchern Sie, verhören Sie Ihren neuen Flirt!

6) Lästern Sie über andere!

7) Quatschen Sie den anderen einfach zu!

8) Gehen Sie ran! Nah, noch näher, bis man riechen kann, was Sie zu Mittag gegessen haben.

9) Reden Sie ausschließlich darüber, wie toll alles bei Ihnen läuft! Wie viel Sie verdienen, wie hochbegabt Ihre Kinder sind und wie großartig Ihr Mann.

10) Gehen Sie entweder grußlos oder mit der plumpen Baggertour: „Ich hab vor ein paar Stunden einen Jahrgangswein dekantiert, den könnten wir doch gemeinsam probieren ..."

Übung: Formulieren Sie diese zehn Regeln so um, dass es die zehn Regeln des gelungenen Small Talks werden! Lösung: *www.sprechen.com*

Tipp: Damit Sie nicht Small-Talk-Thema von morgen sind, begrüßen Sie:

- Alt vor Jung
- Damen vor Herren
- Ranghöhere vor rangniedrigeren Personen

Wenn Sie sich selbst vorstellen, nennen Sie immer Vor- und Zunamen. Den akademischen Titel sollten Sie in den meisten Fällen lieber nicht dazusagen. Es könnte der Eindruck entstehen, Sie seien überheblich. Und: Der Vorname heißt Vorname, weil er vorne steht! Oder wollen Sie mit der Moore Demi zum Dinner verabredet sein?

Diätplan Tag 5

Rezeptvorschlag: Frühstück	**Beispiel:**
Wie stellen Sie sich einem neuen Gesprächspartner optimal vor? In beruflichem Kontext:	*Hallo! Ich glaube, wir kennen einander noch nicht. Mein Name ist Maximilian Zuckerfrei. Ich arbeite im Controlling. Und Sie?*

Rezeptvorschlag: Mittagessen	
Jetzt aber ran! Im Aufzug, an der Straßenbahnstation, in der Kantine. Ihre Aufgabe ist es, jemanden in ein Gespräch zu verwickeln. Muss nicht lange dauern, nur tun Sie es!	Eine Belohnung haben Sie sich verdient, wenn Sie das Gespräch so lange durchhalten, bis Sie den Namen des anderen erfahren haben! Wie wäre es zum Beispiel mit dem Besuch einer Vernissage als neues Übungsfeld? Reichlich Gelegenheit, um Ihre Small-Talk-Fähigkeiten weiter zu verbessern.

Rezeptvorschlag: Abendessen	
Schreiben Sie die Namen von fünf Menschen auf, die für Ihr Fortkommen wichtig sein können. Was wissen Sie von diesen Personen? Wie werden Sie bei der nächsten Begegnung auf sie zugehen? • __________ • __________ • __________	

6. Tag
Die Waage zeigt Ihren Erfolg:

Sie haben Ihre persönlichen Small-Talk Themen herausgefunden

Die Gesprächseröffnung fällt Ihnen leichter

Sie wissen, was Sie beim Small-Talk vermeiden müssen

Ausgewogene Zutaten: Sprechen Sie sich schlank!

6. Kapitel
Tatjana Lackner

Eine sinnvolle Diät rät zur ausgewogenen Ernährung und verlangt nicht, dass Sie darben. In der Rhetorik ist es ebenso: Wir wollen nicht, dass Sie schweigen, nur um keine Fehler zu machen. Ganz im Gegenteil! Sprechen Sie sich schlank!

Überprüfen Sie:

A) Ihre Komfortzone und Glaubenssätze: Braten Sie nicht im gleichen Saft!

B) Erfolg und persönliches Wachstum: Überdenken Sie die Liste Ihrer Zutaten!

C) Weg vom „Mainstream": Fast Food ist schlecht für die Figur!

A) Komfortzone und Glaubenssätze

Viele Menschen sind rhetorisch durchaus versiert, aber nur, solange sie sich sicher fühlen. Im Freundes- oder Kollegenkreis waren gerade noch Wortwitz und Lästern angesagt, doch kaum schaut der Vorstand um die Ecke, stockt das Gespräch. Das Problem liegt in der so genannten „Komfortzone": Dort fühlen wir uns geborgen und sicher. Je langweiliger die Komfortzone eines Menschen, desto langweiliger seine Gesprächsführung! Entwicklung ist nur dann möglich, wenn wir unsere Komfortzone schrittweise erweitern. Braten Sie deshalb nicht immer im gleichen Saft. Entwickeln Sie eigene Ideen. Wenn Sie Ihre Gedanken nicht laut äußern, kann niemand ahnen, was in Ihnen steckt. Reden Sie deshalb über Ihre Vorschläge!

Glaubenssätze machen unfrei! Jeder lebt in der Welt, in der er zu leben glaubt. Festgefahrene Überzeugungen beeinflussen unser Leben entscheidend, wie die Geschichte vom Zirkusbären zeigt.

Der Glaubenssatz des Zirkusbären

Der Zirkus Luftikus hatte eine Attraktion: den Bären Plum. Er lebte schon viele Jahre im Zirkus. Wenn Plum keine Vorstellung hatte, saß er in seinem kleinen Käfig. Dort ging er hin und her. Immer nur zehn Schritte vor, dann kam er am Ende des Käfigs an, um anschließend wieder zehn Schritte zurückzulaufen. So ging das jahrein, jahraus. Eines Tages beschloss der Direktor, Plum freizulassen. Er fuhr mit ihm in den Wald und stellte dort den geöffneten Käfig ab. Obwohl die Türe des Käfigs weit offen stand, kam der Bär nur langsam heraus. Er schaute sich eine Zeit lang um, dann stapfte er los. Plum tapste vier Schritte, sechs, acht, neun, zehn Schritte – drehte sich um und stapfte wieder zehn Schritte zurück!

Der Bär hatte den Glaubenssatz verinnerlicht, nicht mehr als zehn Schritte laufen zu können. So lief er auch nur zehn Schritte. Die Freiheit war für ihn nutzlos. Auch wir Menschen speichern Glaubenssätze ab. Die hindern uns daran, unseren Erlebnishorizont zu erweitern. Für einen Dreijährigen ist der Kindergarten ein Teil seiner Komfortzone. Seinen Schulabschluss macht er dort aber bestimmt nicht. Er muss seinen Sicherheitskorridor schrittweise erweitern. Wer jeden Tag Burger isst, darf sich über Mangelerscheinungen nicht wundern. Probieren Sie neue Rezepte und Gewürze aus! Die folgende Übung hilft Ihnen dabei:

Formulieren Sie die drei Glaubenssätze, die Ihnen am stärksten bewusst sind:

Beispiel: *Rechnen war noch nie meine Stärke.*

- ______________________________
- ______________________________
- ______________________________

B) Erfolg und persönliches Wachstum

Welche Erfolgsrezepte haben sich bewährt?
Sie sind nun schon seit einigen Tagen ganz redlich um Ihre Rhetorik bemüht. So sind Sie dem Erfolg schon ein Stück näher.

Menschen, die Erfolg haben, kennen ihre Stärken und Schwächen.
Eine der goldenen Regeln für persönliches Wachstum lautet: Man muss die eigenen Fähigkeiten analysieren, um zu erkennen, wo Entwicklungspotenzial versteckt ist.

Menschen, die Erfolg haben, fordern sich.
Sie werden niemals abspecken, wenn Sie träge auf dem Sofa liegen und Schokolade essen. Doch Entwicklung heißt auch, an seine Grenzen zu gehen. Verlassen Sie die Komfortzone!

Menschen, die Erfolg haben, sind konsequent.
Bleiben Sie sich und Ihren unmittelbaren Zielen treu. Werfen Sie Ballast über Bord und lösen Sie sich von behindernden Glaubenssätzen!

Menschen, die Erfolg haben, können mit ihren Ängsten umgehen.
Angst kann ein wichtiges Warnsignal sein. Angst kann aber auch eine Ampel sein, die nie auf Grün schaltet. Manchmal ist es praktisch, sich hinter alten Ängsten zu verstecken. Finden Sie heraus, wovor Sie heute tatsächlich Angst haben.

Menschen, die Erfolg haben, akzeptieren berechtigte Kritik.
Negative Kritik ist nicht angenehm. Manchmal kann sie sogar schmerzhaft sein und am Selbstwertgefühl nagen. Klären Sie zuerst: Wer kritisiert mich und warum?

Sieben Sachen braucht man angeblich, um einen Kuchen zu machen, bestimmt kommen Backprofis sogar mit weniger aus. Was in der Küche die Zutaten, sind hinsichtlich unserer Persönlichkeit die Eigenschaften. Je ausgeprägter und entwickelter sie sind, desto mehr Profil besitzen wir. Menschen ohne Eigenschaften machen sich nur bei Robert Musil gut. Je geringer das persönliche Wachstum eines Menschen, desto langweiliger ist es, sich mit ihm zu unterhalten.

Interessant ist zu erkunden, wodurch man sich selbst am stärksten definiert. Achten Sie auf Ihre ersten Sätze, wenn Sie das nächste Mal jemanden kennen lernen. Wie lautet Ihre **Lieblings-Ouvertüre?** Welche persönlichen Informationen geben Sie als erstes preis? Entlarvend ist, bei welchem Thema Sie unwillkürlich landen. Ist es Ihr Job? Sind es Ihre Kinder? Den Begriff „Erfolg" assoziieren viele Menschen mit Karriere und gesellschaftlichem Ansehen, verbunden mit harmonischem Familienleben und persönlichem Freiraum. Stellen Sie sich einen Manager mit Topgehalt und Villa im Grünen vor. Sein Privatleben jedoch steht kurz vor dem emotionalen Konkurs: Er ist nicht wirklich erfolgreich. Jemand, der zwar Beruf und Familie unter einen Hut bringt, jedoch seit langem keine freie Minute für sich hat, sollte sich fragen, wovor er flüchtet. Können Sie von sich behaupten, dass Sie Ihr Leben erfolgreich und selbstbestimmt im Griff haben? Voraussetzungen für Erfolg sind:

- **Berufliche Entwicklung**
- **Private Entwicklung**
- **Persönliche Entwicklung**

Die Ich-Falle

In die Ich-Falle tappen all jene, die sich entweder zu viel oder viel zu wenig mit ihrer Persönlichkeit auseinander setzen. Zeit ist in beiden Fällen der ausschlaggebende Faktor:

• Zu viel Zeit führt in die Ich-Falle

Sorgen hat jeder, manche haben einfach zu viel Zeit! Menschen, die sich im Netz der Selbst-Reflexion so verheddern, dass sie zu Spezialisten und Verkäufern ihrer eigenen Probleme werden, verlieren Zuhörer. Ein Mensch, der sich ausschließlich mit sich selbst beschäftigt und damit zum Experten der eigenen Verhaltensweisen geworden ist, langweilt. Diese Ich-Fallen-Opfer sind davon überzeugt, ein Einzelschicksal zu erleiden. Sie flüchten sich gern in die Eigen-Gebrauchsanweisung, Veränderung scheint unmöglich. Jeder von uns muss im Laufe eines Lebens Probleme bewältigen. Es macht daher keinen Sinn, bestimmte Lieblingsprobleme zu sammeln und als Existenznachweis immer parat zu haben.

• Zu wenig Zeit führt in die Ich-Falle

Den Großteil unserer Lebenszeit verschlafen wir. Tagsüber müssen wir arbeiten, Familie und Freunde sollen nicht zu kurz kommen, für Sport oder andere Hobbies fehlt oft schon die Zeit. Die Tage und Wochen verfliegen und schnell sitzt der Gestresste in der Falle: keine Zeit für sich selbst! Das Gefühl der Leere macht sich breit. Dabei ist an der Oberfläche alles so perfekt! Um Ihr Ich zu nähren und die gute Laune zu halten, brauchen Sie Zeit, sich mit sich selbst zu beschäftigen. Wenn man Ihnen alles wegnehmen würde (Familie, Job, Freunde, Besitz ...), bliebe immer noch ein wesentlicher Teil Ihres Lebens übrig: Sie!

Warum ist Alleinsein wichtig?

Alleinsein ist nicht zu verwechseln mit Einsamsein. Das eine ist selbst-, das andere fremdbestimmt. Alleinsein ist wie Verdauen. Es wirkt reinigend auf die Psyche. Nehmen Sie sich bewusst Zeit für sich selbst! Verreisen Sie für einen Tag oder ein Wochenende! Ihr Partner, Ihre Familie werden das hin und wieder bestimmt ermöglichen. Wenn Sie unbekannte Gegenden erkunden, neue Situationen meistern und ein Leben außerhalb der Arbeit und Familienorganisation führen, wächst Ihr Horizont: Sie werden mit Erfahrungen belohnt. Wer von Zeit zu Zeit seine Batterien auflädt, funktioniert im Job und zu Hause besser. Sie sitzen im Regie-Sessel Ihres Lebens! Wer sich aktiv und allein mit seinen Ideen beschäftigt, erweitert seine Ich-Kompetenz. Wenn Sie nach dem „Tag für sich" wieder in Ihren Alltag zurückkehren, haben Sie interessanten Gesprächsstoff im Gepäck.

- **Wege aus der Ich-Falle**

In der Freizeit lenken wir uns mit Tätigkeiten ab. Viele verschanzen sich hinter dem Bildschirm (Computer, TV) oder gehen ins Kino. Filme, Bücher oder Theaterstücke bieten uns zwar angenehme Ablenkung und Unterhaltung, aber wenig Raum für eigene Gestaltung.

- **Wie groß ist Ihr Stück vom Zeit-Kuchen?** *Beispiel eines Tageskuchens:*

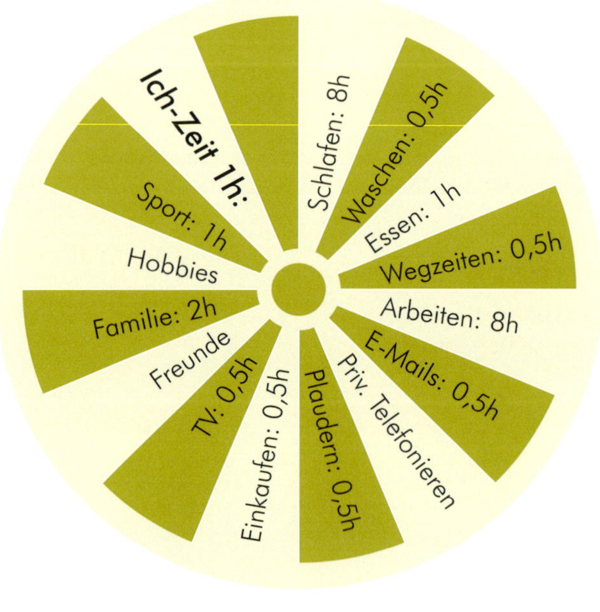

Auch Ihr Tag hat nur 24 Stunden! Bleibt Ihnen noch Zeit zur eigenen freien Verfügung? Steht die Zeit, die Sie mit Ihren Lieben verbringen, Ihrer Meinung nach in einem adäquaten Verhältnis zum Rest des Tages? Sehen Sie nun, wo Sie Zeit einsparen können? Je genauer Sie Ihren Zeitkuchen ausgefüllt haben, desto genauer wissen Sie über Ihre Zeitkiller Bescheid!

Zeichnen Sie im folgenden Zeit-Kuchen Ihre Tagesabschnitte mit Zeitangaben ein! Wo sehen Sie Zeitkiller, die Sie in die „Ich-Falle" treiben könnten?

Essen: ______h
Arbeiten: ______h
Familie: ______h
Freunde: ______h
Sport: ______h
Ich-Zeit: ______h
Wegzeiten: ______h
Priv. Telefonieren: ______h
Plaudern: ______h
E-Mails: ______h
Schlafen: ______h
Waschen: ______h
Einkaufen: ______h
TV: ______h
Hobbies: ______h

Die sinnvolle Gestaltung der Ich-Zeit kann man üben. Sie müssen nicht jedes Mal wegfahren, wenn Sie etwas für Ihre Persönlichkeit tun möchten. Sobald Sie sich allerdings z. B. beim Fensterputzen oder Internetsurfen ertappen, obwohl Sie die Zeit wertvoll für sich gestalten wollten, verlassen Sie lieber wieder das Haus!
Hier die drei Phasen der Ich-Entwicklung im Überblick:

1) Phase des Alleinseins

- Zur Ruhe kommen
- Gedanken fließen lassen
- Selbst reflektieren

2) Phase der Erfahrungen

- Allein aktiv etwas unternehmen
- Neue Situationen meistern
- Der Umwelt offen begegnen

3) Phase der Neugestaltung und Veränderung
- Erlebnisse überdenken
- Alte Denkmuster gegebenenfalls loslassen
- Den Veränderungsprozess beobachten

Was gewinnen Sie auf der Reise durch diese drei Stufen?
- Ihr Appetit aufs Leben steigt.
- Sie unterscheiden Tand von Qualität.
- Die Essenzen Ihres Lebens schmecken wieder intensiver.

C) Weg vom Mainstream

Verlassen Sie den rhetorischen Trampelpfad! Er spiegelt den künstlerischen bzw. kulturellen Geschmack einer großen Mehrheit wider. Viele ziehen mit der Masse, um nicht Außenseiter zu sein. Die Masse hat jedoch schon oft geirrt. Natürlich gibt es Gegenströmungen: Anti-Mainstream-Thesen. Diese zu prüfen, ist empfehlenswert. Nicht alles, was sich gegen die Masse richtet, ist automatisch besser. **„Auch wer gegen den Strom schwimmt, befindet sich im gleichen Wasser!", sagt Manès Sperber.** Provokante Themen bieten gute Übungsmöglichkeiten für Rhetoriker.

Rede-Übung mit Anti-Mainstream-Thesen:

Formulieren Sie ein Kurz-Plädoyer für oder gegen eine der angegebenen Anti-Mainstream-Thesen:

- Man sollte nur einmal heiraten dürfen!
- Ist die Vogelgrippe ein Schwindel des Pentagons?
- Das Geschäft mit der Humanität – ein boomender Wirtschaftszweig.
- Es ist leichter, ein religiöses Volk zu regieren als ein aufgeklärtes.
- Hochschulgebühren aus eigener Tasche zu bezahlen hebt das Bildungsniveau.
- Tausche Niere gegen Porsche – soll Organhandel erlaubt werden?
- Ist Schminke der Schleier des Westens?
- Soll es gesetzliche Nahrungsmittelbeschränkungen für übergewichtige Kinder geben?

Diätplan Tag 6

Rezeptvorschlag: Frühstück	**Beispiel:**
Was sind Merkmale meiner Komfortzone? **Komfortzone** • ____________ • ____________ • ____________ **Erweiterungsschritt** • ____________ • ____________ • ____________	*Komfortzone: Beim Chatten mit Fremden fühle ich mich sicher.* *Erweiterungsschritt: Bei der nächsten Party werde ich aktiv auf andere zugehen.*

Rezeptvorschlag: Mittagessen	**Beispiel:**
Welche Zutaten brauchen Sie für Ihren persönlichen Erfolg? • **Flexibilität:** Wie schnell kann ich mich auf neue Situationen und Menschen einstellen? • **Energie:** Kenne ich meine körperliche und geistige Leistungsgrenze? • **Begeisterung:** Wie viel Lebensfreude trage ich in mir und wie viel davon strahle ich aus? • **Neugier:** Was gibt es auf dieser Welt für mich zu entdecken? • **Mut:** Bin ich bereit, im Leben etwas zu riskieren? Wann war ich zuletzt mutig? • **Willenskraft:** Wie hartnäckig verfolge ich meine Interessen? • **Konsequenz:** Wann habe ich zuletzt konsequent in meinem Leben ausgemistet? **Zutaten:** • ____________ • ____________ • ____________ **Konkreter Nutzen** • ____________ • ____________ • ____________	*Zutaten:* *Überwindung* *Nutzen: 3x pro Woche Sport im Fitness-Center stärkt das Immunsystem.*

Rezeptvorschlag: Abendessen	**Beispiel:**
Finden Sie drei Mainstream-Thesen und formulieren Sie die passenden Antithesen. • **These:** • **Antithese:** • **These:** • **Antithese:** • **These:** • **Antithese:**	*These: Brauchen wir einen amtlichen Elternführerschein?* *Antithese: Kinder sind Privatsache*

7. Tag
Die Waage zeigt Ihren Erfolg:

Sie kennen die Grundzüge der richtigen Atmung

Sie wissen, was Ihrer Stimme gut tut

Sie können die Qualität Ihrer Stimme selbst einschätzen

Sprache, die auf der Zunge zergeht:

7. Kapitel
Nika Triebe

Der Gewürzschrank des guten Rhetorikers ist die bildhafte Sprache. Auch Werbung arbeitet mit der suggestiven Kraft von Bildern. Der Erfolg und die Psychologie geben den Marketingprofis recht. Bilder aktivieren die rechte Gehirnhälfte und sprechen so direkt die Gefühlswelt des Menschen an. Genau hier liegt der Vorteil der bildhaften Sprache – und auch die Gefahr!

Sieben gute Gründe für die bildhafte Sprache
1) Sprachliche Bilder bringen Abwechslung.
2) Beispiele sind einprägsam.
3) Sprachbilder schaffen Atmosphäre.
4) Bildhafte Sprache weckt Interesse.
5) Analogien knüpfen an die Erlebniswelt des Zuhörers an und schaffen so eine Identifikationsmöglichkeit.
6) Gute Vergleiche werden gerne weitererzählt.
7) Menschen, die bildhaft sprechen, hinterlassen einen bleibenden Eindruck.

Drei Gefahren der bildhaften Sprache
1) Unpassende Bilder sind im besten Fall komisch.
2) Zu viele Analogien lenken vom Wesentlichen ab.
3) Allzu bekannte Bilder erzeugen Langeweile bzw. Ablehnung beim Publikum.

Heute laden wir Sie ein, mehr Geschmack in Ihre Sprache zu bringen. Mit etwas Übung wird es gelingen, Ihre Ausdrucksweise plastischer zu gestalten. Schon bald finden Sie leichter passende Vergleiche und überzeugen durch eindrucksvolle Metaphern. In jeder Redesituation gilt, den Inhalt nicht mit Informationen zu überladen. Auch bildhafte Sprache glänzt durch Klarheit und Verständlichkeit. Vor allem jedoch macht es Spaß, bildhaft zu sprechen – Ihren Zuhörern und Ihnen.

Die Gewürze der bildhaften Sprache sind:
a) bunte Worte
b) beschreibende Adjektive
c) Analogien & Beispiele

a) Bunte versus graue Worte

Gerade im Berufsleben neigen viele Menschen dazu, ihrer Sprache gewissermaßen ein Pokerface aufzusetzen, sich möglichst neutral auszudrücken. Die Sprache verkümmert zusehends. Besonders offensichtlich ist diese Tendenz bei Verben. Das plakativste Beispiel ist sicherlich das Verb „essen". Beim Zuhören entwickelt sich keine Vorstellung, wie diese Tätigkeit verrichtet wird, deshalb bezeichnet man es als „graues Verb". Ein attraktives Gegenüber möchte mit Ihnen essen gehen. Welche Assoziation haben Sie bei folgenden Einladungen?

- Wo möchtest du speisen/dinieren?
- Gehen wir schmausen/schlemmen?
- Wie wäre es mit einem Snack/Imbiss?

Das beschreibende Verb vermittelt sofort eine Ahnung von dem, was Sie erwartet. Der große Vorteil: Sie müssen nicht ausschweifend schildern und transportieren doch die Stimmung. Mit dem aktiven Wortschatz verhält es sich ähnlich wie mit dem Fitnesstraining. Der Erfolg wird erst nach einiger Zeit regelmäßigen Übens spürbar. Setzen Sie mit dem Training aus,, bildet sich die Wortmuskelmasse wieder zurück und Sie legen Sprachfett zu. Ein Wort, das drei Wochen nicht verwendet wurde, rutscht wieder in den passiven Wortschatz zurück. Viele Menschen denken, sie würden durch Lesen automatisch ihren Wortschatz erweitern, doch das stimmt nur bedingt: Lesen schult vor allem den passiven Wortschatz. Der aktive Wortschatz, also jene Worte, die Sie nicht nur verstehen, sondern auch selbst verwenden, trainieren Sie mit Synonymübungen optimal. Machen Sie sich ein Spiel daraus, regelmäßig den Wortschatz zu erweitern!

Übung: *Welche Synonyme fallen Ihnen in 60 Sekunden ein?*

reden	**Diät**	**effektiv**
• ____________	• ____________	• ____________
• ____________	• ____________	• ____________
• ____________	• ____________	• ____________

Abstrakt ist nie konkret

Gesunde Nahrung muss Eiweiß, Ballaststoffe und ungesättigte Fettsäuren enthalten. Rinnt Ihnen schon das Wasser im Mund zusammen? Wohl nicht. Oberbegriffe sind wenig anschaulich. Wenn Sie nicht gerade einen hoch wissenschaftlichen Vortrag halten, verzichten Sie auf bildleere Abstraktionen. Ersetzen Sie den allgemeinen Begriff durch einen speziellen. Sagen Sie nicht: „Kleidung", sondern „Hose", „Mantel" und „Socken". Ihren Gesprächspartner erfreut, was seine Sinne anspricht. Darum: Was halten Sie von einem Griechischen Salat mit würzigem Ziegenkäse und kalt gepresstem Olivenöl?

In der folgenden Übung geht es darum, zu einem Oberbegriff mindestens drei konkrete Ausdrücke zu finden. Das Zeitlimit ist 20 Sekunden!

• Menschen	• ____________	• ____________	• ____________
• Gebäude	• ____________	• ____________	• ____________
• Insekten	• ____________	• ____________	• ____________

b) Beschreibende Adjektive

Wenn Sie wollen, dass Ihr Gesprächspartner oder Ihr Publikum gerne zuhören, lassen Sie die Menschen sehen, hören, riechen, schmecken und spüren! Schildern Sie Sinneseindrücke und Tatsachen und geben Sie so Ihrem Zuhörer die Chance, sich selbst ein Bild zu machen. Bilder im Kopf des Zuhörers entstehen, wenn Sie erzählen, wie etwas tatsächlich ist bzw. war und beschreibende Adjektive verwenden.

Beschreibende Adjektive erkennen Sie daran, dass alle Menschen diese Eigenschaft gleich empfinden, z. B.: staubig, bergig, flüssig, spitz …

Wer genau hinsehen gelernt hat, der kann auch spannend erzählen. Fragen Sie sich: „Was nehme ich mit meinen Sinnen wahr?“

Bewertende Adjektive zeigen unmissverständlich, wie Sie etwas beurteilen, z .B.: kitschig, hässlich, interessant, stimmungsvoll …
Hier lautet die Frage: Wie war es für mich?

Probieren Sie die sinnliche Erzählweise im Freundeskreis! Schnell werden Sie Sicherheit gewinnen und feststellen, dass andere Ihnen nicht nur gerne zuhören. Das gesamte Gespräch wird anregender!

Übung:

Überlegen Sie sich fünf für Sie typische bewertende und beschreibende Adjektive!

bewertend	beschreibend
Das Wetter ist schön.	*Der Tag ist sonnig.*
• ______________	• ______________
• ______________	• ______________
• ______________	• ______________

Tipp!

So wohldosiert wie Sie Gewürze beim Kochen verwenden, sollten Sie auch mit Eigenschaftswörtern umgehen. Lieber nur ein Adjektiv pro Substantiv!

c) Analogien und Beispiele – die Geschmacksverstärker der Rhetorik

Die Analogie – der sprachliche Vergleich – verbessert das Verständnis und macht auch komplexere Zusammenhänge deutlich. Es ist oft eine kleine Geschichte, die Aufmerksamkeit erregt und zum Weitererzählen animiert. Analogien sind knackig, knusprig und nicht ganz fettfrei. Verwenden Sie diese Redefigur, doch gehen Sie überlegt damit um!

Drei Gefahren der Analogie:

- Die unlogische Analogie
  „Die Börse ist wie eine Lawine, mal geht sie rauf, mal geht sie runter.“

- Die überstrapazierte Analogie
  Damit sind sprachliche Bilder gemeint, die schon in zu vielen Zusammenhängen verwendet wurden, z. B.: Die Stadt, die mit dem Ameisenhaufen verglichen wird.

- Die inflationäre Analogie
  Manche Sprecher lassen Analogie auf Analogie folgen, so dass die Kernaussage verloren geht.

Wie bringe ich meine Bilder in Schwung?

Analogien brauchen Kreativität. Schalten Sie den Fernsehapparat ab, stellen Sie das Handy auf lautlos – lassen Sie das Buch jedoch geöffnet! – und erleben Sie Ihre Umwelt bewusst. Beobachten Sie, was um Sie herum vorgeht und beschreiben Sie es. In ganzen Sätzen selbstverständlich, und laut! Auch unbewusst verwendet jeder von uns ständig Analogien. Es scheint dem Menschen ein Bedürfnis zu sein, Dinge in Bezug zu setzen. Erkenntnisse aus der Gehirnforschung bestätigen das. Je besser Inhalte vernetzt werden, umso leichter und länger werden sie behalten. Das Erfolgsgeheimnis der Analogie ist, dass sie Emotionen weckt. Ist der Vergleich schlüssig und berührt er, dann haben Sie mit der Redefigur ins Schwarze getroffen.

Es gibt Themenbereiche, in denen Analogien prächtig gedeihen! Die folgende Liste dient zur Inspiration:

- Essen & Kochen
- Persönlichkeiten der Geschichte
- Körper & Organe
- Architektur & Hausbau
- Fremde Länder & Kulturen
- Verkehr
- Tierwelt
- Technik
- Lebensphasen
- Musik
- Pflanzen
- Sport

Beispiele für gute Analogien:

- „Die Idee braucht die Kritik wie die Lunge den Sauerstoff." (José Ortega y Gasset)
- „Die Aufgabe eines Managers ist mit der eines Dirigenten zu vergleichen. Mit einem Unterschied: Im Wirtschaftsleben gibt es keine Proben."(Anonym)
- „Liebe gleicht dem Mond: Wenn sie nicht zunimmt, nimmt sie ab."(Anonym)

Übung:

Sicher fällt Ihnen ein passender Vergleich zu folgenden Themen ein:

- Ein Schönheitsideal ist wie ______________________
- Meine Wohnung sehe ich als ______________________
- Sport ist für viele Menschen wie ______________________

Diätplan Tag 7

Rezeptvorschlag: Frühstück	**Beispiel:**
Erweitern Sie Ihren Wortschatz! Nennen Sie innerhalb einer Minute so viele Wörter wie möglich, die mit „Ka …" beginnen. Üben Sie weiter mit den Buchstabenkombinationen „Se …" und „Bl …"	*So:* *Sorge, sogar, soll, Sonne, Solarium, sonderbar, Sorgfalt, Soda, Sopran, Sorte, Soße, Soja, Sonde, Sommer, Solist, somit, solid, Sohle, Soda …*

Rezeptvorschlag: Mittagessen	**Beispiel:**
Grenzen Sie folgende Begriffe gegeneinander ab, verwenden Sie dazu Analogien! modisch – modern autoritär – Autorität Strategie – Ziel – Weg	*Bijouterie — Cartier*

Rezeptvorschlag: Abendessen	**Beispiel:**
Welchen Geruch der Kindheit werden Sie nie vergessen? Ob angenehm oder beängstigend, schildern Sie bildhaft, was sich um diese Erinnerung rankt.	*Damals, ich muss 4 oder 5 Jahre alt gewesen sein …*

8. Tag
Die Waage zeigt Ihren Erfolg:

Sie wissen, dass bunte Wörter ausdrucksstärker sind als graue

Der Unterschied zwischen beschreibenden und bewertenden Adjektiva ist Ihnen vertraut

Analogien zu kreieren fällt Ihnen leichter

Bodylanguage: Lassen Sie Ihren Körper sprechen!

8. Kapitel
Tatjana Lackner

Etwa die Hälfte der Informationen über Ihre Persönlichkeit und Glaubwürdigkeit vermitteln Sie der Umwelt durch den Körper. Es ist wichtig für Ihre neu entstehende Figur und Ausstrahlung, auch einen Blick auf Ihre Körpersprache zu werfen.
Die nonverbale Sprache ist in drei Bereiche gegliedert:

1) Körpersprache
2) Territoriale Sprache
3) Objektsprache

1) Körpersprache

Dieses Thema wurde in den letzten fünfzig Jahren kräftig ausgeschlachtet. Schulungen und Bücher zu Gestik, Mimik und Haltungen gibt es wie Sand am Meer. Standardfragen, wie „Was will mir das Gegenüber durch das Verschränken der Arme vor dem Brustkorb sagen?", wurden zwar mit divergierenden Antworten, stets aber mit Überzeugung beantwortet. Die Interpretationen gingen von: „Klares Signal, dass jemand versucht, Zeit zu gewinnen" über „Dann lügt er Sie gerade an" bis hin zu „Dieser Mensch zeigt Ablehnung". All das kann, muss aber nicht der Fall sein. Vielleicht ist Ihrem Gegenüber auch nur kalt, oder es hat Rückenschmerzen? Bevor Sie Zeit investieren in Literatur und Seminare, die sich mit Interpretationen anderer befassen, wenden Sie lieber Energie für Ihre eigene Körperhaltung auf!

Was sagt die Wissenschaft?

Es gab in den letzten Jahren eine Reihe spannender Studien und unerwarteter Ergebnisse rund um das Thema „Körpersprache". In zahlreichen Experimenten wurde die Wirkung des Äußeren nachgewiesen, hier eine Zusammenfassung der interessantesten Ergebnisse:

• Körpersprache überlagert Gesichtsausdruck

Schon Darwin erkannte: Mensch und Tier vermitteln ihre Gefühle nicht nur über das Gesicht, sondern auch über die Körpersprache. Ein „erster guter Eindruck" wird nicht nur durch ein freundliches Lächeln gewonnen, sondern auch durch offene Haltung. Eine Studie niederländischer Psychologen zeigte, dass die Körpersprache beim ersten Eindruck viel mehr ins Gewicht fällt, als bisher angenommen – auch dann, wenn nur auf das Gesicht geachtet wird. In nur 115 Millisekunden tritt unsere Bewertung ein, dank eines neuralen Mechanismus im Gehirn. *(Vgl. http://science.orf.at/science/news/141727)*

• Körpergröße und Verdienst

Es gibt einige interessante Aussagen zur Körpergröße, wonach größere Männer, wenn man einer britisch-amerikanischen Studie glauben möchte, mehr Geld

verdienen als kleine Menschen. Schon 2,5 Zentimeter über Normalgröße schlagen sich demnach mit durchschnittlich 700 Euro mehr Gehalt im Jahr nieder. „Die Größe beeinflusst die Karriere", sagte Prof. Timothy Judge von der Universität aus Florida dem britischen „Daily Telegraph". Diese Erkenntnisse sind irritierend, denn bis auf wenige Ausnahmen, etwa bei Basketball-Profis, kann kaum jemand behaupten, dass sich Größe auf Arbeitsleistung auswirkt.
Für die Untersuchung wurden die Daten von vier Studien aus Großbritannien und den USA ausgewertet, die insgesamt mehrere tausend Lebensläufe untersucht hatten. Dabei konnte eine besonders starke Verbindung zwischen Größe und Verdienst bei Managern und bei Verkäufern festgestellt werden. Die Wissenschaftler schließen daraus, dass größere Menschen selbstbewusster auftreten und anderen mehr Respekt einflößen. *(Vgl. www.politikforum.de/forum/arhive/13/2003/10/3/39719)*

- **Leibesfülle und Aufstiegschancen**

Das Einkommen von Frauen scheint dagegen nicht von der Körpergröße, sondern eher vom Gewicht abzuhängen. Daten aus dem US-amerikanischen Raum belegen, dass stark übergewichtige Frauen mit erheblichen Benachteiligungen auf dem Arbeitsmarkt konfrontiert sind. Die sozialpsychologische Erklärung hierfür ist die unbewusste Assoziation von Übergewicht mit negativen Charakterzügen. Laut diesen Ergebnissen werden übergewichtige Menschen für weniger intelligent gehalten, ihnen wird Mangel an Selbstdisziplin und Motivation unterstellt. *(Vgl.: http://www.wiwi-treff.de/home/index.php?mainkatid=1&ukatid=1&sid=9&artikelid=1729&pagenr=0)*

- **Nonverbale „Dialekte" existieren**

Laut Forschern der Harvard-Universität in Boston gibt es nonverbale Akzente oder Dialekte. Diese bestehen neben einer universellen Körpersprache und unterscheiden sich je nach kulturellem Hintergrund durch kleine Muskelbewegungen. Wichtig ist, sich seiner Gesichtszüge bewusst zu sein und sich um klare Mimik zu bemühen. *(Vgl.: http://science.orf.at/science/news/83546)*

- **Attraktivität als Imagefaktor**

An der Universität Pittsburgh wurden Psychologiestudenten im Rahmen einer Studie 226 Fotos von Menschen unterschiedlicher Attraktivität vorgelegt. Sie sollten deren Kompetenz beurteilen. Von den weniger Attraktiven meinte man, dass sie den Anforderungen nicht gewachsen wären, die gut Aussehenden hielten die meisten für überzeugend. Weiters ergab die Studie, dass Interviewer attraktiven Menschen mehr Respekt entgegenbringen und unbewusst versuchen, sie der Öffentlichkeit in einem besseren Licht zu präsentieren.

- **Kleider machen Leute reich**

Unter gleich qualifizierten Kollegen erhalten die Gepflegteren leichter eine Gehaltserhöhung. Chefs bieten zudem flott gekleideten Stellenbewerbern bis zu dreißig Prozent mehr Gehalt an als gleich qualifizierten Konkurrenten.
(Vgl.: www.berlinx.de/ego/199/art2/htm)

• Der Schönheitswahn kommt aus der Evolution

Verhaltensforscher untersuchten die Frage: Hat Schönheit einen Nutzen und wenn ja, welchen? Die eindeutige Antwort: Ja – Sex ! Wir erkennen den optimalen Fortpflanzungspartner an seinem ansprechenden Körper, so die Wissenschaftler. Es ist ein perfider Trick der Natur: Unsere Sucht nach Schönheit sichert die Errungenschaften der Evolution. Bei Menschen und Tieren greifen ähnliche Mechanismen, so lautet das Ergebnis. Der Wiener Ethologe Karl Grammer belegt: „Unsere Schönheitsobsession kommt aus der Evolution." Das ideale Alter einer Frau liegt laut repräsentativer Befragungen bei 24,8 Jahren. Ein Alter, in dem Frauen die höchste Östrogen - Ausschüttung, die vollsten Lippen und bestgeformten Brüste haben – also optimale Fortpflanzungspartnerinnen für Männer sind. Frauen verhalten sich etwas differenzierter: Während des Eisprungs werden Männer bevorzugt, deren kantiges Profil und kräftige Muskeln einen hohen Testosteronspiegel verraten. Ansonsten, so die Verhaltensforscher, sind auch softere Typen gefragt. Der Grund: Der Fortpflanzungsdrang und somit die Gefahr des „Fremdgehens" ist bei Männern mit niedrigerem Testosteronspiegel weniger stark. Auch die Sorge um den Nachwuchs ist bei ihnen wesentlich ausgeprägter. Der Macho zieht weiter zur Nächsten, der Softie bleibt bei der Brut.

• Schöne leben schöner

behauptet die amerikanische Soziologin Susan Sprecher. Schon im Kreißsaal erhalten schöne Babys mehr Zuwendung. Schöne Kinder kommen einfacher durch die Schule, da sie bei gleicher Leistung oft die besseren Noten erhalten. Sie haben mehr Freunde, weil wir uns alle lieber mit schönen Menschen umgeben. Das Selbstwertgefühl wächst und später, wenn sie berufstätig sind, verdienen schöne Menschen auch mehr. *(Vgl.: http://www.die-endverbraucher.de/schoenheitsoperation/schoenheit.php)*

Studien kann und soll man kritisch betrachten. Äußerlichkeiten sind niemals wichtiger als unsere inneren Werte. Die Frage ist nur: Woher wissen wir, wie es um diese beim Gegenüber bestellt ist? Wenn Sie das erste Mal in die Praxis eines Arztes gehen, haben Sie dann die Möglichkeit, diesen Menschen nach seinen inneren Werten zu beurteilen? Nein. Sie prüfen diskret, wie sauber die Praxis ist, wie gepflegt sein Äußeres wirkt und hoffen, dass die fachlichen Fähigkeiten ähnlich gut sind. Um den Charakter eines Menschen zu entdecken, müssen wir erst einmal mit ihm in Kontakt treten. Und das tun wir nur dann, wenn sein Äußeres Vertrauen ausstrahlt. Die Entscheidung, ob unser Gegenüber vertrauenswürdig ist, treffen wir in den ersten sieben Sekunden einer Begegnung – und zwar allein aufgrund von Äußerlichkeiten. Wer uns in dieser kurzen Zeitspanne nicht überzeugt, wird kaum noch Gelegenheit erhalten, uns an seinen inneren Werten teilhaben zu lassen. Wahre Schönheit mag zwar von innen kommen, bleibt aber unentdeckt, wenn das Äußere uns nicht neugierig macht!

Keine Studie klärt, was wir tatsächlich unternehmen können, um bevorzugt behandelt zu werden. Natürlich sind ein gepflegtes Äußeres und tadellose Kleidung von

Vorteil. Jemand, der bewusst „underdressed" an einer Veranstaltung oder einer Einladung teilnimmt, beleidigt damit den Gastgeber.

Bei allem Gerede über Attraktivität geht es aber vor allem um die Sympathiewerte, und die drücken sich besonders durch einen freundlichen, offenen Gesichtsausdruck und durch Körperenergie aus. Eleganz und charismatisches Auftreten haben eine Menge mit geführten Bewegungen zu tun.

Neun Tipps für Ihre Körperhaltung:

1) Körperenergie ist Voraussetzung für geführte Bewegungen!

2) Richtige Gestik beginnt in den Oberarmen, nicht erst bei den Händen!

3) Vermeiden Sie wegwerfende Handbewegungen. Das Handgelenk sollte nicht hängen!

4) Ein Gedanke sollte vom Kopf bis in die Fingerspitzen gesendet werden. Die Hände sind also während des Sprechens aktiv! Unterstreichen Sie Redepassagen mit Aufzählungen durch den bewussten Einsatz Ihrer Finger!

5) Nase und Nabel befinden sich bei aufrechter Haltung in einer Linie!

6) Bieten Sie Ihrem Gegenüber die Stirn. Das Brustbein ist vorgestreckt und der Rücken gerade, nicht jedoch im Hohlkreuz.

7) Achten Sie auf Ihren Umgang mit Gegenständen! „Geben" Sie jemandem einfach ein Glas oder können Sie es auch elegant „reichen"?

8) Für den optimalen Gang hilft die Vorstellung, zwischen Nabel und Schambein an einem Seil nach vorne gezogen zu werden. Dadurch wird Ihr Gang federnd und Ihre Haltung elegant.

9) Achten Sie beim Gehen auf gerade Füße und kontrollieren Sie Ihre Schrittlängen! Ein dynamischer, geräuscharmer Gang wirkt vorteilhaft.

Beobachten Sie Menschen beim Gehen, und Sie bekommen bereits viele Informationen über die Bewegung. Der Gang sagt viel über die Persönlichkeit aus.

Unseren Kunden geben wir Feedback in Form von Ganganalysen. Sie zeigen Fehlhaltungen, den Wunsch, Negatives zu kompensieren oder auffallende Charaktereigenschaften. Menschen, die groß und schlank sind, wirken oft eleganter als kleinere. Dafür müssen Große besonders auf die Dynamik ihrer Bewegungen achten, um nicht zu schlaksig oder träge aufzutreten. Kleine hingegen können mit längeren

und federnden Schritten weichere Bewegungen erreichen. Für kleine Leute sind zu kurze schnelle Schrittfolgen nicht von Vorteil, weil dadurch das Gesamtbild nervös und wenig souverän wird. Ganz wesentlich beim Kennenlernen ist der Handschlag. Es ist das erste Mal, dass Sie mit dem anderen in Berührung kommen. Hier wirken weder die Knochenbrecher, lange oder spitze Fingernägel noch die lahme Hasenpfote sympathisch. Trockene warme Hände, angenehmer Händedruck und Augenkontakt sind gefragt.
Im Sommer zeigen die Menschen mehr Haut als im Winter. Sie tragen buntere Farben und setzen den Körper stärker als Blickfang ein. Daher kommt es speziell in der warmen Jahreszeit öfter zur optischen Abkühlung. Kleidung ist ein Signal für:

- **Persönlichkeit** (exzentrisch, introvertiert, aufdringlich, bieder ...)
- **Einstellungen** (Aggressivität, Bescheidenheit, sexuelle Bereitschaft ...)
- **Status und Gruppenzugehörigkeit** (religiöse Gewänder, trendige Designerklamotten ...)

Wer im Trend liegt, gibt ebenso ein Statement ab, wie jemand, der sich den gängigen Kleidernormen nicht anpassen will. Beide werden beurteilt. Täglich entscheiden wir bewusst oder unbewusst darüber, wie wir durch unsere äußere Erscheinung wirken wollen: indem wir uns schminken, Rock oder Hose anziehen, durch die Wahl der Krawattenfarbe und den Schmuck, den wir anlegen. Kleidungscodes sind ein wesentlicher Bestandteil des gesellschaftlichen Lebens.

Torpedos des Auftretens:

a) Damen

- Bauchfreie Shirts sind im Business verpönt!
- Sichtbare Achsel- und Beinbehaarung wirkt ungepflegt.
- Rote lange Nägel sind im Business nicht angebracht, Kunstnägel sind out.
- Pediküre ist im Sommer unerlässlich.
- In Halbschuhen sollten keine Söcklinge sichtbar sein; helle Glanzstrumpfhosen vermeiden!
- Flip-Flops sind fürs Business ungeeignet.
- Make-up wirkt im Sommer zu maskenhaft.
- Schwere Parfums sind oft zu aufdringlich – gute Deos dagegen selbstverständlich.
- Vorsicht mit Selbstbräunern: Flecken und Streifen sehen unschön aus.
- String-Tangas sollten weder in der Hose noch außerhalb sichtbar sein!
- Zahnfleisch-Piercings, Daumen- und Zehenringe sind maximal bis zum Ende der Pubertät erlaubt.

b) Herren

- Socken mit Sandalen sind ein Torpedoklassiker!
- Achselfreie Shirts sind für das Business ungeeignet.
- Kurze Hosen nicht mit Krawatten und Stutzen kombinieren!

- Comicfiguren haben nichts auf Krawatten und Socken verloren!
- Zu kurz gebundene Krawatten sind unelegant.
- Krawattenspangen wirken schnell altmodisch.
- Handygürtel/Headset machen nur in wenigen Branchen Sinn.
- Allzu modische Sonnenbrillen wirken gezwungen.
- Nasen- und Ohrenhaare gehören getrimmt.
- Sockenfrei zum Anzug – ein „No Go"!

2) Objektsprache:

Alle Objekte, die uns umgeben – Accessoires, Kleidung, Schreibgeräte, Brillen, Mobiltelefone, Autos, ja sogar das Interieur unserer Wohnung – geben Informationen über uns preis. Die Wahl, das Design und die Präsentation dieser Objekte geben wortlos Auskunft über unseren Geschmack und die Stilrichtung, die unser momentanes Leben bestimmt.

Neun Tipps für Ihre Objektsprache

1) Kleiden Sie sich im Geschäftsleben klassisch, lassen Sie sich von Profis beraten. Brillen, Uhren und Outfit sollen zu den Proportionen Ihres Körpers passen!

2) Achten Sie bei Ihren Accessoires wie z. B. Schreibgeräten auf das Status-Signal: Protzige Füllhalter wirken ebenso peinlich wie schreibende Werbegeschenke.

3) Schuhe müssen geputzt und qualitätsvoll sein.

4) Make-up und (Haar)Schmuck sollten dezent und auf die Kleidung abgestimmt sein. Berühmte Designer- oder Modelabels zu tragen ist o. k. Offensichtlicher Markenprotz ist ebenso unelegant wie mangelnde Textilqualität.

5) Klingeltöne sollen ihren Besitzer über Anrufe informieren, nicht unterhalten.

6) Achten Sie auf geschmackvolle Einrichtungselemente in Ihrem Büro! Pokale, Sammelfiguren und billiger Wandschmuck sprechen die falsche Sprache!

7) Eau de Toilette oder Parfüms sind sparsam zu verwenden. Typberatung ist auch hier empfehlenswert!

8) Wählen Sie Hüte, Mützen und Kappen mit Vorsicht aus, schnell wirkt eine Kopfbedeckung lächerlich.

9) Feierliche Anlässe und Galas verlangen feierliches Outfit. Mit klassisch-eleganten Kombinationen sind Sie auf der sicheren Seite. Testen Sie zu Hause, ob Sie sich in Ihrer Festkleidung bewegen können.

3) Territoriale Sprache

Wie viel Raum nimmt sich ein Redner? Wirkt er verloren und schüchtern oder nimmt er sich mehr Territorium, als wir ihm zugestehen? Es gibt Menschen, die sind uns bereits unsympathisch, obwohl wir noch kein Wort mit ihnen gewechselt haben. Wer in seinem Territorialverhalten distanzlos ist, macht sich keine Freunde. In einem Café mit leeren Tischen wählt man nicht den Tisch, an dem andere sitzen, man achtet auf Distanz. Dabei handelt es sich immer um das Bedürfnis nach Revierabgrenzung. In der Wissenschaft zur Körpersprache unterscheiden wir vier Zonen des territorialen Anspruchs:

• intime Zone

Dieses räumliche Naheverhältnis teilen wir mit unseren Eltern, Partnern und Kindern. Es gibt jedoch Situationen, in denen die intime Distanz von 20 bis 60 Zentimetern auch von Fremden durchbrochen wird, etwa im Lift oder im Bus. Bei dieser zwangsweise herbeigeführten Nähe befolgen wir bestimmte Regeln: Wir meiden den Blickkontakt, schauen zu Boden oder lassen unseren Blick in die Ferne schweifen.

• persönliche Zone

Die Distanz reicht hier bis zu 120 Zentimetern und ist vor allem in Gesprächssituationen die richtige Entfernung.

• soziale Zone

Personen, die sich in dieser Zone aufhalten (bis zu 360 Zentimetern), gehören meistens nicht zum privaten Umfeld.

• öffentliche Distanz

Es ist das Gebiet, das wir zur Sicherung von Nahrung und Unterhalt beanspruchen – einst das Jagdrevier, heute das Stadtviertel und die Arbeitsstätte. Menschen haben, ähnlich wie Tiere, mehrere Territorien und damit verbundene Verhaltensweisen:

Tier	Mensch
• Jagdterritorium, Revier	• Arbeitsplatz
• Schlafterritorium, Nest, Höhle	• Wohnbereich
• jahreszeitliche Territorien, wie bei Zugvögeln	• Urlaubsdomizil
• Gruppenterritorien für Aktivitäten	• Dorf, Gemeinde

Mit jeder Veränderung unserer Territorien verändert sich auch unser Verhalten. Wie würden Sie sich fühlen, wenn Sie heute gezwungen wären, an Ihre letzte Wohnadresse zurückzuziehen? Für viele wäre das – nicht nur biografisch – ein Rückschritt. Unser persönliches Wachsen zeigt sich auch in territorialen Erweiterungen bzw. Veränderungen. Es ist aus diesem Grund auch wenig sinnvoll, wenn Eltern ihren halb erwachsenen Kindern Wohnungen einrichten. Die altersadäquate Entwicklung der Sprösslinge wird dadurch behindert. In Studententagen wird eben anders gewohnt als in der etablierten Zeit des Lebens. Das zeigt sich im Lebensstil genauso wie im Wohndesign. Gerade für Jugendliche ist es wichtig, sich auch territorial zu verwirklichen, um später stolz auf eigene Leistungen zurückblicken zu können.

Wie haben Sie sich bisher **territorial verändert?**

Von wann – bis wann	gewohnt	Beschreibung und Ich-Bezug
z. B. 1981-1988	*In Niederösterreich bei den Eltern.*	*Helles Kinderzimmer mit Hochbett und eigenem Schreibtisch. Wenig Komfort. Besonders stolz war ich auf meine Stereoanlage.*

Neun Tipps für Ihre territoriale Sprache

1) Unangemeldeter Besuch verletzt die Privatsphäre und ist distanzlos!

2) Achten Sie auf die angemessene Distanz! Eine Armlänge sollte z. B. beim Small Talk zwischen Ihnen und Ihrem Gesprächspartner Platz haben.

3) Haben Sie Mut zu freien Flächen im Raum! Ihr Besucher bekommt das Gefühl, dass tatsächlich Platz für ihn da ist.

4) Welche Barrieresignale senden Sie? Hinter einer Barriere (Schreibtisch, Handtasche, Laptop, Zeitung …) fühlen sich Menschen sicherer. Wer sich versteckt, zeigt wenig Kommunikationsbereitschaft.

5) Ihre Gäste oder Kunden nehmen viel mehr wahr, als Sie glauben und da besonders die „kleinen objektsprachlichen Dinge": defekte Lampe, schief hängendes Bild, Wasserflecken auf dem Schreibtisch …

6) Markieren Sie Ihr Territorium durch Ihre Stimme! Sie sollten einen Besprechungsraum füllen können.

7) Lautes Territorialverhalten stört! Menschen mit lärmendem Lachen oder Telefonier-Verhalten wirken ungehobelt.

8) Bei Vorträgen oder Präsentationen, die auswärts abgehalten werden, ist es wichtig, den Vortragssaal vorher zu besichtigen, um selbstsicher aufzutreten.

9) Pfeife und Zigarrenrauch sind in öffentlichen Lokalen olfaktorische Territorialübertritte!

Diätplan Tag 8

Rezeptvorschlag: Frühstück	**Beispiel:**
In welchen Situationen fühlen Sie sich körpersprachlich unwohl? • __________ • __________ • __________	*Immer wenn ich mit Fremden im Lift fahre, weiß ich nicht, wo ich hinsehen soll.*

Rezeptvorschlag: Mittagessen	**Beispiel:**
Auf welche Teile Ihres Körpers sind Sie stolz? • __________ • __________ • __________ **Was an Ihrem Aussehen wollen Sie optimieren?** • __________ • __________ • __________	*Mein optisches Kapital sind meine Augen.* *Schon oft wurde ich auf meine schönen Locken angesprochen.* *Ich bringe zu viel Gewicht auf die Waage, meine Garderobe ist dementsprechend lieblos betreut.*

Rezeptvorschlag: Abendessen	**Beispiel:**
Prüfen Sie Ihre Objektsprache! Welche Accessoires sind wenig edel und welche sollten ersetzt oder weggelassen werden? • __________ • __________ • __________	*Ich habe vor 25 Jahren von meinen Eltern eine Halskette mit einem Engel geschenkt bekommen. Die Zeiten ändern sich und ich glaube, dass sie inzwischen besser bei mir zu Hause als an meinem Hals aufgehoben ist.*

9. Tag
Die Waage zeigt Ihren Erfolg:

Sie wissen, welche drei nonverbalen Sprachen es gibt

Sie haben erkannt, was Ihre Accessoires über Sie verraten

Ihr territoriales Verhalten ist Ihnen bewusst

Wortwahl: Versteckte Kalorien!

9. Kapitel
Tatjana Lackner
& Nika Triebe

Schon durch die Wortwahl geben Sie etwas von sich preis: Werte und Ideale, manipulative Tendenzen, Sprachkultur und Bildungsstand. Durch Ihre Ausdrucksweise vermitteln Sie sowohl Ihre Stimmung als auch, wie viel oder auch wie wenig Wertschätzung Sie Ihrem Gegenüber entgegen bringen. In diesem Kapitel geht es vor allem um:

1) Fremdworte, besonders Anglizismen
2) Positives Formulieren
3) Verdorbenes im Sprachgebrauch

Sprache ist Ausdruck der Zeit und unterliegt ständigem Wandel. Heute finden sich Begriffe und Redewendungen in Wörterbüchern wie Duden oder Wahrig, die noch vor wenigen Jahren verpönt waren. Manche Worte wurden früher in völlig anderem Kontext verwendet, so war „geil" ursprünglich nur ein Synonym für „fetthaltig", heute ist es mit „toll", „faszinierend" oder „erotisch" gleichzusetzen. „Erlaubt ist, was gefällt" scheint das Motto im Gebrauch der Grammatik zu sein. Der Fall-Verfall hat jedoch wenig mit Sprachwandel zu tun, sondern basiert meist auf Unwissenheit. Umso wichtiger ist es, mit dem richtigen Einsatz der Grammatik den Facettenreichtum der Sprache zu erhalten.

1) Fremdworte, besonders Anglizismen

Bereits gegen Ende des 18. Jahrhunderts unternimmt der Pädagoge Joachim Heinrich von Campe den Versuch, die deutsche Sprache verständlicher zu machen. 1813 erscheint sein „Wörterbuch zur Erklärung und Verdeutschung der unserer Sprache aufgedrungenen fremden Ausdrücke" in der zweiten Auflage mit insgesamt 11.000 Ersetzungsvorschlägen. Etwa 3000 konnten sich durchsetzen.

Angenommen wurden Begriffe wie:

- Hochschule → Universität
- Stelldichein → Rendezvous
- Mannweib → Amazone

Auf wenig Gegenliebe stießen Wortkreationen wie:

- Geistesanbau → Kultur
- Dörrleiche → Mumie
- Haarkräusler → Friseur
- Zitterweh → Fieber
- Schweißlöcher → Poren

Auch heute haben Sprachpuristen wieder regen Zuspruch. Der bekannteste unter den neuen Sprachvereinen ist vermutlich der „Verein Deutsche Sprache (VDS)", der unter anderem eine „Anglizismenliste" erstellt hat. Nur 2 Prozent der beinahe

6000 gelisteten Worte englischen Ursprungs halten dem strengen Auge der Sprachhüter stand: z. B. Baby oder Hobby. Auf der Homepage des Vereins finden sich aber auch neue Eindeutschungsvorschläge. Der Unterhaltungswert ist ähnlich hoch wie bei Heinrich von Campe:

- Netzstandort → Homepage
- Klapprechner → Notebook
- Prallkissen → Airbag
- Muskelmäster → Bodybuilder
- Lustknabe → Callboy
- Abtaster → Scanner

Nur weil Worte dem deutschen Ursprung treu bleiben, sind sie nicht unbedingt verständlicher. Sprachkritik und Sprachpflege sind absolut berechtigt und notwendig, damals wie heute. Fremdwortgebrauch sollte weder reinem „Bildungsflitter" noch der Verschleierung kommunikativer Ziele dienen.

Die Grundregel lautet: Wenn es sich um einen branchenspezifischen Ausdruck handelt und keine gute Übersetzung möglich ist, belassen Sie es beim Lehnwort.

Beispiele: *Management, Power Point Präsentation, Sanktionen, Portfolio.*

Vermeiden Sie jedoch Begriffe wie: *Asset, Benefit, Challenge, Performance, Deal, downloaden, Array …*

Rund um das Thema Anglizismen zeichnet sich ein Trend ab, der besonders in der Werbung deutlich wird. Immer mehr Werbesprüche werden wieder auf Deutsch formuliert. Ein Grund dafür kann sein, dass die wenigsten Slogans so verstanden werden, wie sie gemeint sind:

- *„Come in and find out" - Nur ein Drittel der Befragten konnte das Motto fehlerfrei übersetzen, nämlich mit: „Komm herein und finde es heraus". 54 Prozent meinten, der Slogan bedeutet: „Komm rein und finde wieder raus".*
- *Der von einem japanischen Autohersteller formulierte Slogan „Drive alive" wird im deutschsprachigen Raum als „Fahre lebend" interpretiert. Nur wenige verbinden mit dem Spruch das, was die Firma vermitteln möchte: das „Fahrerlebnis".*

2) Positives Formulieren

Sicher ist es angenehmer, positive Dinge zu hören als negative. Menschen, die immer die verneinende Form wählen, erwecken leicht den Eindruck, Nörgler und Miesmacher zu sein. In vielen Fällen macht es sich bezahlt zu überlegen, wie die positive Formulierung klingen könnte.

Negative Formulierung	Positive Formulierung
„Das lässt sich nicht ändern. Wir sind nicht freiwillig in diese Situation gekommen."	*„Die Situation ist da. Unsere Aufgabe ist es, nun das Beste daraus zu machen!"*
„Haben Sie keine Angst!"	*„Bleiben Sie gelassen!"*
„Das ist überhaupt kein Problem."	*„Das mache ich gerne für Sie."*

Übertreiben Sie es aber mit den positiven Formulierungen nicht! In vielen Firmen ist das Wort „Problem" verpönt und wird mit „Herausforderung" und „Aufgabe" umgangen. Der Verlust des Arbeitsplatzes, Krankheit oder Scheidung stellen jedoch für viele Menschen völlig zu Recht ein Problem dar, keine tolle „Herausforderung". Egal ob „Ziel" oder tatsächlich „Problem" gemeint ist, die „Herausforderung" ist allgegenwärtig.

Die Wortwahl – eine versteckte Botschaft

Nennen Sie die Dinge beim Namen! Wer eindeutig negative Botschaften schön färbt, läuft Gefahr, verlogen zu wirken. Legen Sie lieber die Karten auf den Tisch, so behalten Sie Ihre Glaubwürdigkeit. In der Politik hat die negative Formulierung eine ganz besondere Funktion: Sprechen Staatsmänner von den eigenen Vorstellungen und Plänen, setzen sie positive Worte ein. Sollen die Ideen der Opposition dem Wähler madig gemacht werden, verwenden sie negativ besetzte Ausdrücke. Die Schönrederei hat einen Namen: Euphemismus. Er kommt besonders dort zum Einsatz, wo uns Menschen durch Frisieren der Sprache auf ihre Seite ziehen wollen. Die steigende Politikverdrossenheit zeigt, dass die Wähler sich nicht mehr durch gebetsmühlenartig wiederholte Phrasen abspeisen lassen.
Egal ob in Politik, Werbung oder im Alltag, es gibt viele Beispiele:

- *Kollateralschaden statt „unabsichtliche Tötung von Menschen oder Zerstörung von Sachen"*
- *Friendly Fire statt „irrtümlicher Beschuss eigener oder verbündeter Streitkräfte"*
- *Preisanpassung anstelle von „Preiserhöhung"*
- *Minuswachstum anstelle von „Rezession"*
- *Verschlankung der Firma, rationalisieren statt „entlassen"*
- *Seniorenresidenz anstelle von „Altersheim"*
- *unvorteilhaft aussehen statt „hässlich sein"*
- *vollschlank anstelle von „dick"*
- *friedlich entschlafen anstelle von „sterben"*
- *ungeborenes Leben statt „Fötus"*

3) Verdorbenes im Wortgebrauch

Wie eine Algenpest tauchen gewisse Worte oder Redewendungen ganz plötzlich auf und verstopfen die Sprachzentren.

Durchgekaute Redewendungen:

verheerendes Unglück	Ob Erdbeben, Tsunami oder Wasserrohrbruch, in den Medien wird alles zum verheerenden Unglück.
Stellenwert	Richtiger: Bedeutung, Rang, Wert
nachhaltig	Besser: langfristig, wirkungsvoll, dauernd, tief greifend, sichtbar
gemeinsam	Dieses an sich schöne Wort mutiert bereits zum Füllwort. Schönstes Beispiel aus der Praxis: „Lassen Sie uns gemeinsam miteinander, als Team gemeinsam diese Herausforderung angehen!"
Am Ende des Tages ...	Typische Politiker-Formulierung, völlig unkonkret! Welches Tages?
An dieser Stelle ...	Die Stelle ist dem Publikum meist ziemlich egal.
innovativ	Vom Fuß-Spray bis zum Restrukturierungs-Konzept, alles wird uns als „innovativ" verkauft
andenken	Entweder denken oder nicht denken – Andenken bekommen Sie im Wallfahrtsort. Besser: überlegen

Worte sind Taten

Sprachliche Diskriminierung ist Alltag, der Wunsch nach politisch korrekter Formulierung ebenso. Welche typischen Merkmale hat die herabsetzende Wortwahl?

- **Betonung von Unterschieden**
- **Stereotypen**
- **abfällige Bezeichnungen**

Politische Korrektheit sollte für Sie selbstverständlich sein. Doch übertrieben moralinsaure Formulierungen mit abgespreiztem kleinen Finger nerven. Viele Redewendungen des Alltags können diskriminierend oder verletzend sein. Eine Fundgrube für gedankenlosen, üblen Wortgebrauch sind die Medien: „Durch den Rost fallen auch bei dieser Steuerreform wieder die kleinen Unternehmer". Anklänge an die NS-Zeit sind im Sinne der politischen Korrektheit ebenso zu vermeiden wie versteckter Rassismus, etwa: „Die Zahlen des Finanzministers sind getürkt". Sinti, Roma, Jenische, Lowara ... wollen nicht mehr „Zigeuner" genannt werden, die

Inuit nicht „Eskimos". Redewendungen dieser Art, die ein Volk herabwürdigen bzw. von diesem als beleidigend empfunden werden, sind wenig hilfreich in einer Welt, die zusehends multikultureller wird.

Natürlich gibt es in der Literatur noch viele Relikte aus einer Zeit, in der Begriffe, die aus heutiger Sicht wertend klingen, keineswegs abfällig gemeint waren. Ein Beispiel: Im Jahr 2003 änderte der Scherz-Verlag nach Protesten den Titel der deutschen Übersetzung von Agatha Christies 1939 erschienenem Buch „Ten Little Niggers" von „Zehn kleine Negerlein" in „Und dann gab's keinen mehr". Vorlage für den ursprünglichen Titel war ein harmloser Kinderreim gewesen. Auch in der Kulinarik finden sich noch jede Menge politisch unkorrekter Bezeichnungen. Wenig sinnvoll ist es jedoch, aus dem „Mohr im Hemd" den „Afrikaner mit Schlagobers" und aus dem „Zigeunerschnitzel" das „Sintischnitzel" zu machen. Die Befürworter der sprachlichen Korrektheit müssen sich natürlich auch jede Menge Kritik und Spott gefallen lassen. So gab es das „Serbische Geschnetzelte" schon lange vor dem Krieg auf dem Balkan. Die Redewendung „etwas bis zur Vergasung zu tun" stammt aus der Zeit der Industrialisierung, in der Gaswerke entstanden, und hat nichts mit der oft zitierten NS-Zeit zu tun.

In der Wirtschaft findet sich immer häufiger die martialische Wortwahl. Wie kriegerisch die Formulierungen auch sein mögen, zumindest einen Zweck erfüllen sie: Bilder werden transportiert. Optimal ist natürlich, wenn die bildhafte Sprache nicht nur aus Kriegsvokabeln und Schlachtrufen besteht:

„Die Grabenkämpfe zwischen den Fronten verhärten sich."
„Er ist ins feindliche Lager übergelaufen und arbeitet nun bei der Konkurrenz."
„Meine Schwiegermutter ist im Anmarsch."

Ein Sammelwerk kriegerischer Ausdrücke der deutschen Alltagssprache – vom „Spießrutenlauf" über den „Vorreiter" bis hin zum „Target" – ist an der Universität Graz entstanden: Rund 400 Wörter und Phrasen martialischen Ursprungs wurden bisher am Institut für Germanistik gesammelt, analysiert und in eine komplexe Datenbank übertragen. Aufschlussreich ist die historische Analyse des „Wehrhaften Wortschatzes":

Bei Worten wie „Zielscheibe", „Dolchstoß" oder „Kanonenfutter" sind die martialischen Wurzeln deutlich erkennbar. Interessant ist, dass auch ganz unverdächtige Ausdrücke, wie das vermeintlich amouröse „Anbandeln" (Begriff aus der Fechtkunst) oder die „Werbetrommel" (verwandt mit der Rekrutierungspraxis von Soldaten) der Sprache des Krieges entstammen. Die hohe Zahl an „Wortfunden" zeigt die starke Verwurzelung unserer Sprache in der historischen, aber auch in der modernen Wehrkultur. „Etwas im Schilde führen", „Lunte riechen" oder „für jemanden eine Lanze brechen" sind Zeugen solcher bis ins Mittelalter zurückreichenden Ausdrücke.

Gib mir die SalzstreuerIn, bitte!

Geschlechtergerechtes Formulieren bedeutet: Frauen und Männern werden in der Sprache gleichgestellt. Politische Korrektheit ist wichtig, sie darf jedoch nicht zum Selbstzweck werden: Verständlichkeit bleibt das wichtigste Sprachkriterium. Oft genügen einfache Änderungen, um scheinbar diskriminierenden Sprachgebrauch zu vermeiden. So können Sie in bestimmten Zusammenhängen Studentinnen und Studenten geschlechtsneutral zusammenfassen als „Studierende".

Die geschlechtsneutrale Sprache hat aber auch Tücken. Auf die bei politisch korrekter Wortwahl sprachlichen Komplikationen weist der Schriftsteller Max Goldt hin. Sein Beispiel bezieht sich auf den Gebrauch von „Studierende" statt „Studenten": die Formulierungen „Bier trinkende Studierende" bzw. „sterbende Studierende" (im Falle eines Massakers an einer Universität) seien wohl kaum passend. Denn man könne nicht gleichzeitig sterben und studieren, wie man wohl auch selten Bier trinke und zugleich studiere.

Interessant ist ein Widerspruch bei der geschlechtsneutralen Formulierung: In Berichten über gemischt-geschlechtliche Opfergruppen werden Frauen meist extra hervorgehoben, während man sie in Tätergruppen nicht erwähnt. Zum Beispiel wird aus Gründen der politischen Korrektheit bei der Gruppe „Terroristen" ohne Widerspruch auf die Voranstellung von „Terroristinnen und ..." verzichtet, obwohl es genügend weibliche Terroristen gibt. Auch von „Straftäterinnen" wird nur gesprochen, wenn es sich ausschließlich um Frauen handelt. Bei der Bezeichnung negativ wahrgenommener Personengruppen kollidieren die Ansprüche der politischen Korrektheit also mit sich selbst. Das führt dazu, dass die weibliche Form fast ausschließlich bei positiv besetzen Gruppen hinzugefügt wird.

Enttarnen Sie mit Hilfe des heutigen Diätplans versteckte Kalorien in Ihrem Wortschatz!

Diätplan Tag 9

Rezeptvorschlag: Frühstück	**Beispiel:**
Welche Anglizismen haben sich in Ihre Alltagssprache eingeschlichen und wie können Sie diese ersetzen?	*Oft verwende ich den Begriff „Wording" für „Wortwahl"*

Rezeptvorschlag: Mittagessen	**Beispiel:**
Wie kriegerisch ist Ihr Deutsch? Schreiben Sie drei für Sie typische Beispiele auf!	*Gelegentlich verwende ich in Besprechungen die Formulierung: „Da machen wir kurzen Prozess."*

Rezeptvorschlag: Abendessen	**Beispiel:**
Was bedeuten diese Fremdworte? • megaloman • abstrus • Hypertonie • frugal • Alliteration	

10. Tag
Die Waage zeigt Ihren Erfolg:

Sparsamer Einsatz von Fremdworten sorgt für bessere Verständlichkeit

Sie fallen Schönfärbern nicht mehr zum Opfer

Politisch korrekt zu formulieren ist nicht um jeden Preis sinnvoll

Welcher Redetyp sind Sie?

10. Kapitel
Nika Triebe

Einige Tage haben Sie nun schon fleißig beobachtet und trainiert. Sie kennen Ihre Problemzonen und die ersten Sprachpfunde purzeln bereits. Gratulation! Heute können Sie es gelassen angehen. Im Redetypen-Test geht es nicht darum, Ihre Persönlichkeit zu analysieren – das wäre vermessen – sondern darum, wie Sie sich in der Kommunikation darstellen. Nehmen Sie sich eine halbe Stunde Zeit und beantworten Sie die 81 Fragen möglichst ehrlich. Sie gewinnen Einsichten, wie Ihr Verhalten nach außen wirkt. Wenn Sie sich bei der einen oder anderen Antwort schwer tun, fragen Sie einen vertrauten Menschen. In der Auswertung erhalten Sie außerdem spezielle Tipps, die Ihnen Hilfestellung geben und auf Besonderheiten hinweisen.

Viel Vergnügen!

	stimmt (4 Punkte)	*manchmal (1 Punkt)*	*gar nicht (0 Punkte)*
1) In Diskussionen neige ich dazu, andere zu unterbrechen			
2) Ich verwende sehr häufig den Konjunktiv. (würde, könnte, sollte …)			
3) Ich habe in meinem Leben schon viel zuwege gebracht.			
4) Ich will nicht so sein wie alle anderen.			
5) Ich denke sehr strukturiert und analytisch.			
6) Ich habe mir angewöhnt, mir immer das Schlimmste vorzustellen, so kann ich nur positiv überrascht werden.			
7) Für mich ist alles Neue sehr reizvoll.			
8) Wenn man etwas erreichen möchte, muss man sich durchsetzen.			
9) Ich kann sehr gut zuhören.			
10) Ich weiß, dass ich ein Perfektionist bin.			

	stimmt (4 Punkte)	*manchmal (1 Punkt)*	*gar nicht (0 Punkte)*
11) Freunde fragen mich häufig um Rat.			
12) In geselligen Runden rede ich gerne und manchmal auch zu viel.			
13) Meine Stimme klingt eher leise und zurückhaltend.			
14) Meine Gefühle gehen nur mich etwas an.			
15) Es fällt mir schwer, Dinge vollständig zu Ende zu bringen.			
16) Ich liebe das Abenteuer.			
17) Wenn sich jemand wiederholt, werde ich schnell ungeduldig.			
18) Es ist schwer für mich, klar Stellung zu beziehen.			
19) Mir wurde schon gesagt, dass ich zu vorschnell urteile.			
20) Ich spüre nicht genau, wann ein Thema beendet ist.			
21) Für mein Auftreten wurde ich schon häufig bewundert.			
22) Ich weiß, dass ich im Gespräch nur schwer zum Punkt komme, unkonkret bleibe.			
23) Lieber gehe ich den sicheren Weg			
24) Ich kann mit autoritärem und dominantem Verhalten anderer schlecht umgehen.			
25) Es fällt mir leicht, andere durch meinen Charme zu überzeugen.			
26) Manchmal wirkt ein ordentliches Gewitter sehr reinigend.			

	stimmt (4 Punkte)	*manchmal (1 Punkt)*	*gar nicht (0 Punkte)*
27) Meine Stimme klingt eher monoton.			
28) Wenn es sein muss, bin ich ziemlich hartnäckig.			
29) Eine meiner Stärken ist hohe Anpassungsfähigkeit.			
30) Bei meiner Kleidung, aber auch in der Wohnraumgestaltung, ist der Preis völlig nebensächlich, mir sind Stil und Qualität sehr wichtig.			
31) Kreativität ist der Ausdruck meines Selbst.			
32) Wenn jemand etwas von mir will, muss er mich schon bitten.			
33) In Diskussionen übernehme ich oft die Rolle des Warners vor möglichen Konsequenzen.			
34) Ich bin ungern alleine.			
35) Ich weiß, dass ich dazu neige, andere Menschen zu demaskieren.			
36) Ich habe unterschiedliche, mir sehr lieb gewordene Rituale in meinen Alltag integriert.			
37) Ich denke, alles hat seinen Preis.			
38) Ich bin eher sanftmütig.			
39) Meine Stimme klingt angenehm und stark.			
40) Meine Fantasie beflügelt mich. Oft könnte ich den ganzen Tag nur träumen.			
41) Ich bin ein disziplinierter Mensch. Solange ich nicht die Kontrolle verliere, geht es mir gut.			
42) Ich lebe meine Aggressionen nur sehr selten aus.			

	stimmt (4 Punkte)	*manchmal (1 Punkt)*	*gar nicht (0 Punkte)*
43) Wenn eine Situation unangenehm ist, ziehe ich mich gerne mit einem Scherz aus der Affäre.			
44) Ich neige dazu, die Dinge sehr extrem zu sehen.			
45) Wenn mich jemand um etwas bittet, fällt es mir sehr schwer, abzulehnen.			
46) Ich werde leicht ungeduldig, wenn ich nicht die Antwort bekomme, die ich erwarte.			
47) Freundlich und liebenswürdig gelingt es mir, andere von meiner Meinung zu überzeugen.			
48) Wenn mich jemand kritisiert, schau ich mir ganz genau an, von wem die Kritik kommt.			
49) Meine Freunde sagen, ich hätte einen Hang zur Melancholie.			
50) Ich bin eher introvertiert.			
51) Besonders gerne arbeite ich im Team.			
52) Ich gehe die Dinge eher spielerisch an.			
53) Die, die mir nahe sind, verteidige ich bedingungslos.			
54) Würde ich mich etwas mehr anstrengen, könnte ich viel mehr erreichen.			
55) Mir geht es meistens um die Sache.			
56) Ich vergesse selten die Geburtstage meiner Freunde.			
57) Ich bin tatkräftig und optimistisch.			
58) Gerne spreche ich darüber, wie etwas sein könnte.			

	stimmt (4 Punkte)	*manchmal (1 Punkt)*	*gar nicht (0 Punkte)*
59) Ich bin an umfassender Bildung und Wissen interessiert.			
60) Meine Freunde schätzen mich, weil sie wissen, dass ich loyal bin.			
61) Meistens habe ich mehrere Eisen im Feuer.			
62) Ich bin belastbar und eine starke Persönlichkeit.			
63) Ich kann extrem stur sein.			
64) Freunde meinen, ich argumentiere manchmal zu lang und ausschweifend.			
65) Ich setze mich nicht gerne mit den Problemen anderer auseinander.			
66) Wenn etwas nicht so gut gelaufen ist, neige ich dazu, es zu verschweigen.			
67) Ich empfinde mich selbst als sensibel und kultiviert und umgebe mich gerne mit ähnlichen Menschen.			
68) Ich schweige und beobachte gerne.			
69) Es kommt vor, dass ich unglaublich lange nachdenke und dadurch den richtigen Zeitpunkt zum Handeln verpasse.			
70) Ich weiß, dass ich manchmal zu viel rede.			
71) Ich übernehme gerne die Führung.			
72) Ich kann gut zwischen Menschen vermitteln.			
73) Mir wurde schon gesagt, dass ich oberlehrerhaft wirke.			
74) Bewundernde Blicke und Anerkennung sind für mich lebenswichtig.			

	stimmt (4 Punkte)	*manchmal (1 Punkt)*	*gar nicht (0 Punkte)*
75) Es fällt mir leicht, andere von meinen Ideen zu überzeugen.			
76) Mir ist es wichtig: Hintergründe zu beleuchten und Systeme zu durchschauen.			
77) Nur in absoluten Notsituationen würde ich jemand anderen um Hilfe bitten.			
78) Ich setze mich gerne für die Rechte Schwächerer ein.			
79) Langeweile und Routinetätigkeiten sind mir ein Gräuel.			
80) Der Kompromiss stellt keine echte Lösung für mich dar.			
81) Es fällt mir schwer, Prioritäten zu setzen.			

Stimmt = 4 Punkte , Manchmal= 1 Punkte, Gar nicht = 0

☐ = Frage ☐ = Punkte T = Typ

1.		2.		3.		4.		5.		6.		7.		8.		9.	
10.		11.		12.		13.		14.		15.		16.		17.		18.	
19.		20.		21.		22.		23.		24.		25.		26.		27.	
28.		29.		30.		31.		32.		33.		34.		35.		36.	
37.		38.		39.		40.		41.		42.		43.		44.		45.	
46.		47.		48.		49.		50.		51.		52.		53.		54.	
55.		56.		57.		58.		59.		60.		61.		62.		63.	
64.		65.		66.		67.		68.		69.		70.		71.		72.	
72.		74.		75.		76.		77.		78.		79.		80.		81.	
T1		T2		T3		T4		T5		T6		T7		T8		T9	

Zählen Sie die Punkte in den einzelnen Kolonnen senkrecht zusammen.
Die höchste Punktezahl verrät Ihren Redetypus.

Auswertung des Redetypen Tests

Typ 1: Nie um einen Ratschlag verlegen

Sie streben nach Vollkommenheit. Ihre Ansprüche sind sehr hoch und gemäß Ihren Werten wollen Sie die Welt verbessern. Daraus resultiert die Tendenz, andere belehren zu wollen. Für Sie gilt das Motto: „Zuerst die Arbeit, dann das Spiel". Fehler oder Unordnung belasten Sie. Sie gehen mit sich selbst sehr hart ins Gericht, so fällt es Ihnen schwer, Kritik von außen anzunehmen. Die Menschen in Ihrem Umfeld könnten meinen, Sie seien stur, manchmal sogar verbissen. Wenn etwas nicht nach Ihren Vorstellungen läuft, werden Sie zornig. Sie verfügen über Durchhaltevermögen und Geduld. Gerne philosophieren Sie und sprechen über Ihre Lebensziele. Sie wollen Dinge in Bewegung bringen, erneuern. Auch für politische, soziale oder religiöse Ideen und Reformen sind Sie sehr aufgeschlossen.

Ihr Redestil: Sie wirken oft belehrend und moralisierend. Es kann der Eindruck entstehen, dass Sie vorgefertigte Antworten parat haben. Manchmal steht Ihre Impulsivität der konstruktiven Diskussion im Weg. Sie werden ungeduldig, wenn nicht die erwartete Antwort auf Ihre Frage kommt. Ihre Argumentation kann ausschweifend ausfallen, denn Sie neigen dazu, während des Sprechens Ihre Gedanken zu überprüfen und zu ordnen. Widerspruch akzeptieren Sie nur sehr ungern.

Tipps:

- Lernen Sie geduldiger zuzuhören, so vermeiden Sie ein vorschnelles Urteil.
- Ihre Argumentationslänge sollte die 45-Sekunden-Grenze nicht überschreiten.
- Denken Sie daran, dass Ihr Wertesystem für Sie gilt, aber nicht unbedingt für andere Menschen.
- Versuchen Sie, das Gespräch wieder auf eine sachliche Ebene zurückzuführen, so halten Sie Ihren Zorn in Zaum.

Typ 2: Die helfende Hand

Sie sind die personifizierte Hilfsbereitschaft. Gerne engagieren Sie sich für andere und wollen gebraucht werden. Hinter dieser aufopfernden Haltung steht der massive Wunsch nach Dank und Unentbehrlichkeit. Anerkennung ist für Sie ein zentrales Thema. Sie sind so sehr damit beschäftigt, andere zu unterstützen, dass Sie Ihre eigenen Bedürfnisse kaum mehr wahrnehmen. Zuneigung und Dankbarkeit ist für Sie die schönste Form der Anerkennung. Sie schenken Fürsorglichkeit und Mitgefühl und werden dafür geliebt.

Ihr Redestil: Sie können wunderbar zuhören und spüren intuitiv, wo Ihre Unterstützung gebraucht wird. Ihre Bewegungen und auch die Stimmlage sind sanft und weich. Gerne verwenden Sie den Konjunktiv oder beginnen Sätze mit „Ich glaube …" oder „Vielleicht …". Sie reden aber auch so lange auf Ihr Gegenüber ein, bis Ihr Gesprächspartner keinen Widerstand mehr leisten kann. Spüren Sie keine Akzeptanz, reagieren Sie schnell beleidigt und ziehen sich in den Schmollwinkel zurück. Ihr Stolz ist ausgeprägt!

Tipps:

- Vermeiden Sie, andere überschwänglich zu loben oder ihnen zu schmeicheln.
- Beenden Sie ein Thema zum richtigen Zeitpunkt. Der kommt meist früher als Sie denken!
- Versuchen Sie, andere nicht zu missionieren.
- Lernen Sie auszudrücken, dass Sie sich beleidigt fühlen.

Typ 3: Ich kann, weil ich will, was ich muss

Sie sind der geborene Erfolgsmensch. Ihr Thema ist Leistung. Es ist Ihnen besonders wichtig, dass andere Ihre Leistungen wahrnehmen und bewundern. Mit persönlichem Versagen können Sie nur schwer umgehen. Wenn Sie meinen, nicht das Bestmögliche erreicht zu haben, neigen Sie dazu, die Wahrheit zu schönen. Sie werden um Ihre Tatkraft und Ihren Optimismus beneidet. Sie wollen etwas aufbauen, als Autorität anerkannt sein, dafür arbeiten Sie hart. Ihr Auftreten wirkt kompetent, oft sogar charismatisch. Ihre Wirkung auf andere ist Ihnen wichtig.

Ihr Redestil: Sie sprechen gerne und viel. Small Talk ist kein Problem und so sind Sie gern gesehener Gast auf jedem Empfang. Ihre Stimme ist wohlklingend und deutlich vernehmbar. Sie kennen Ihre Stärken und haben eventuell auch schon an deren Perfektion gearbeitet. Wenn eine Unterhaltung Sie langweilt, neigen Sie dazu, rasch ein eigenes Thema einzubringen. Manchmal tragen Sie Ihre Seele auch allzu sehr auf der Zunge.

Tipps:

- Ihre Erfolge sind ohnehin unübersehbar, sprechen Sie also nicht zu oft davon, was Sie geleistet haben. Ihr Vis-à-vis könnte geblendet sein.
- Kritik stellt auch eine Chance zur Verbesserung dar, nützen Sie sie!
- Vermeiden Sie kleine Schwindeleien, die haben Sie nicht nötig. Lernen Sie, mit vertrauten Menschen über Ihre Gefühle zu sprechen.

Typ 4: Kunst kommt von Können

Innovationen verdanken wir oft diesem Typ. Sie haben ein untrügliches Gespür für Schönheit und das Außergewöhnliche. Empfindsamkeit ist die Quelle Ihrer Kreativität, oft aber auch ein Stolperstein. Melancholie ist kein Fremdwort für Sie. Ihre Freunde schätzen Sie, denn Sie sind originell und kultiviert. Sie erkennen bei anderen rasch, welche Talente noch im Verborgenen schlummern. Mir Ihrer sensiblen Seite umzugehen, ist für andere aber nicht immer einfach.

Ihr Redestil: Der Brustton der Überzeugung ist Ihnen nur schwer zu entlocken. Ihre Antworten beginnen oft mit „Ja, aber ..." Gerne positionieren Sie sich als unkonventioneller Querdenker. Ihr Redestil ist oft ausschweifend und unkonkret. Bekommen Sie zu wenig Aufmerksamkeit, kann Ihr Sarkasmus sehr verletzend werden.

Tipps:
- Artikulieren Sie bewusster, so vermeiden Sie den larmoyanten Ton.
- Gehen Sie auf andere zu, warten Sie nicht, bis Sie entdeckt werden.
- Antworten Sie auf Gegenargumente, ohne die Formulierung „Ja, aber …" zu gebrauchen.

Typ 5: Wissen ist Macht

Wissen bedeutet für Sie Macht, darum neigen Sie dazu, alles und jeden zu analysieren und zu systematisieren. Wer so im Kopf lebt, hat oft Schwierigkeiten mit der emotionalen Seite des Lebens. Sie lieben den Rückzug. Ihr Ziel ist es, auch den komplexesten Vorgängen auf den Grund zu gehen. Sie sind ein unabhängiger, bescheidener Mensch. Wenn jemand Ihre Hilfe beansprucht, muss er Sie ausdrücklich darum bitten. Sie selbst sind nur sehr ungern auf die Hilfe anderer angewiesen.

Ihr Redestil: Sie schweigen gerne. Über Ihre Gefühle zu sprechen, ist Ihnen ein Gräuel. Nähe erzeugt Angst. Sie besitzen die Fähigkeit, Zusammenhänge rasch zu erfassen und stellen sehr analytische Fragen. Wenn jemand versucht, Sie mit schwammigen Antworten abzufertigen, kontern Sie: „Das muss man schon differenzierter betrachten!" Wenn Sie auf Reisen gehen, fällt es Ihnen leichter, mit anderen in Kontakt zu treten. Sie können Ihre Zuneigung auf nonverbaler Ebene zeigen. Wird Ihnen genügend Freiraum zugestanden, sind Sie ein treuer Freund fürs Leben.

Tipps:
- Beschäftigen Sie sich intensiv mit dem Kapitel „Small Talk".
- Gehen Sie großzügiger mit Ihren Wortspenden um!
- Sprechen Sie auch über Ihre Wünsche und Träume.

Typ 6: Treue Seele

Wie der Name schon sagt, sind Sie ein treuer und loyaler Mensch. Zuverlässig und warmherzig, aber auch sehr vorsichtig. Bis Sie einen Sachverhalt gründlich durchdacht, sämtliche Vor- und Nachteile erwogen haben, kann der richtige Zeitpunkt zum Handeln bereits vergangen sein. Es ist Ihnen wichtig, bereits im Vorfeld alle möglichen Gefahren in Betracht zu ziehen. Sie arbeiten hervorragend im Team, ohne den Führungsanspruch zu erheben. Gerne setzen Sie sich für sozial Schwächere ein, in Krisensituationen agieren Sie als selbstloser Held.

Ihr Redestil: Sie sind ein wachsamer Warner. Ihre Stimme klingt zurückhaltend, nur in Extremsituationen wird man Sie aggressiv erleben. Herrscht gespannte Stimmung oder gar Wut, erscheint Ihnen das bedrohlich und Sie ziehen sich lieber zurück. Mutig melden Sie sich zu Wort, wenn Sie überzeugt davon sind, dass eine von Ihnen anerkannte Autoritätsperson am gleichen Strang zieht. Ihre volle Stärke kommt zur Geltung, wenn es darum geht, wehrlosen Menschen zu ihrem Recht zu verhelfen.

Tipps:
- Lernen Sie, die Lösungen und nicht die Probleme zu artikulieren.
- Genießen Sie es, wenn Sie gelobt werden!
- Machen Sie auf sich aufmerksam, indem Sie Menschen namentlich ansprechen.

Typ 7: Dem Glücklichen schlägt keine Stunde

Sie sind ein wahrer Sonnenschein! Optimistisch und begeisterungsfähig, neugierig darauf, was die Zukunft noch für Sie bereithält. Sie halten sich immer mehrere Optionen offen. Mit Konflikten können Sie nur schwer umgehen, in diesem Fall ist Charme Ihre bevorzugte Waffe. Sie schaffen sich einen Terminkalender, der keine Zeit für echte Aussprachen lässt. Ihr Bedürfnis nach ständiger Abwechslung verleitet Sie dazu, Vorhaben nicht abzuschließen. Ihre Begeisterung für eine Idee flaut spätestens nach der Planungsphase ab. Neugierig wenden Sie sich dann wieder neuen Projekten zu. Als innovativer Mensch betrachten Sie das Leben als eine lange Reise, auf der es viel zu entdecken gibt.

Ihr Redestil: Sie plaudern gerne und können stundenlang Geschichten erzählen. Für manche mag das schwatzhaft wirken, doch für Sie ist es spielerischer Austausch. Intuitiv entwickeln Sie beim Sprechen neue Ideen. Wird eine Situation unangenehm, lenken Sie auf andere Themen um oder blockieren das Gespräch mit Charme und Humor. Ist das unmöglich, gibt es immer noch einen Plan B. Es ist Ihnen wichtig ist, dass sich alle Menschen in Ihrer Umgebung wohl fühlen. Es fällt Ihnen schwer, Grenzen zu setzen und ein klares Nein zu formulieren.

Tipps:
- Achten Sie mehr darauf, ob Ihr Vis-à-vis noch interessiert zuhört.
- Wie Sie am Besten „Nein" sagen. *(Siehe Kapitel 18)*
- Fragen Sie nach, ob das Gespräch auch für den anderen zufrieden stellend abgeschlossen ist, bevor Sie sich Neuem zuwenden.

Typ 8: Folgt mir!

Ihnen folgt man gerne, denn Sie sind ein energiegeladener, starker Mensch. Es fällt Ihnen leicht, die Verantwortung für andere zu übernehmen. Sie verfügen über die außerordentliche Gabe, die Potenziale anderer zu erkennen und zu fördern. Für die, die Sie lieben, gehen Sie durchs Feuer. Ihr Auftreten wirkt so entschlossen, dass es andere sogar einschüchtern kann. Sie sind extrem belastbar und kämpfen für die Gerechtigkeit. Hinter Ihrer Stärke verbirgt sich Verletzlichkeit. Im Einstecken sind Sie nicht annähernd so gut sind wie im Austeilen. Sie werden leicht zornig und dann auch laut. Doch das Gewitter zieht schnell wieder vorüber. Schwierige Situationen sind für Sie reizvoll, denn Sie lieben die Konfrontation.

Ihr Redestil: Als impulsiver Mensch neigen Sie dazu, die Grenzen der anderen zu überschreiten. Der Typ „Folgt mir!" polarisiert, denn seine Haltung ist oft Schwarz oder Weiß. Die feine Klinge der Diplomatie ist Ihnen fremd. Durch Ihre direkte Art wirken Sie demaskierend. Ihre Stimme ist laut und die Direktiven unmissverständlich. Für Sie sind Regeln im Zusammensein mit anderen wichtig. Bricht jemand diese Abmachungen, fühlen Sie sich verraten.

Tipps:

- Die Aggression ist Ihre Achillesferse. Lernen Sie, zumindest bis zehn zu zählen, bevor Sie loslegen.
- Vermeiden Sie Anschuldigungen, z. B.: „Du bist immer so …"
- Üben Sie die Techniken des aktiven Zuhörens.
- Bereiten Sie Argumentationen besonders gut vor, um auch die Grauzonen eines Sachverhalts einzubringen.

Typ 9: Immer cool bleiben

Für Sie ist Frieden und Harmonie von größter Bedeutung. In Ihrer Umgebung soll Ruhe herrschen und Platz für alle sein. Sie sind ein verständnisvoller Mensch und genießen es, viele Freunde zu haben. Schwierig wird es für Sie, wenn Sie Stellung beziehen müssen. Wenn es zu einem Konflikt kommt, sind Sie derjenige, der die Versöhnung herbeiführt. Sie lieben die Zerstreuung und genießen es, Ihren Hobbys nachzugehen.

Ihr Redestil: Ihr beliebtester Entschuldigungssatz ist: „Aber ich hab doch überhaupt nichts gemacht." Im Streit werden Sie selten laut, Sie versuchen, die Wogen zu glätten. Harmonie ist Ihr natürlicher Zustand. Sie neigen dazu, andere zu idealisieren. Sie können hervorragend zuhören, wenn es jedoch darum geht, in einer Gruppe das Wort zu ergreifen, halten Sie sich lieber zurück. Vertraute Lösungen sind Ihnen lieber als der Versuch, neue Wege zu beschreiten. Haben Sie sich einmal für eine Sache entschieden, halten Sie verblüffend stur daran fest. Beim Sprechen wenden Sie wenig Energie für die klare Artikulation auf, so kommt es vor, dass Sie überhört werden.

Tipps:

- Üben Sie den kausalen Ansatz.
- Beginnen Sie Ihre Sätze mit Formulierungen wie: „Das ist ein wichtiger Punkt, …"
- Machen Sie sprechtechnische Übungen!

11. Tag
Die Waage zeigt Ihren Erfolg:

Sie wissen, welcher Redetyp Sie sind

Sie kennen mittlerweile Ihre Schwächen

Konkrete Tipps bringen Sie einen Tag weiter

Wie gut kauen Sie Ihre Sprache?

11. Kapitel
Tatjana Lackner

Im Medienzeitalter nehmen Aussprache, Stimmkompetenz und professionelle Modulation der freien Rede einen immer höheren Stellenwert ein. Monotone Sprechweise begeistert niemanden. Ihre Sprache ist Ausdruck Ihrer Persönlichkeit!

Den Weg zum professionellen Stimm- und Sprechtraining gehen neben Politikern, Fernseh- und Radiosprechern auch immer mehr Karriereorientierte. Aus gutem Grund: Sprache verbindet und stellt Nähe her. Sie kann aber auch ein trennendes Element zwischen unterschiedlichen Ländern und Milieus sein.

„Österreicher und Deutsche trennt die gemeinsame Sprache."

Jede Region hat sprachliche Eigenheiten und Dialektformen. Es ist wichtig, sowohl die Herkunftssprache oder den Dialekt zu beherrschen als auch die gebundene Mediensprache zu pflegen. Lokalkolorit kann durchaus charmant sein, dennoch ist die Hochsprache bei der Präsentation oder Bewerbung empfehlenswert. Niemand soll jedoch im Firmenalltag reden wie ein Schauspieler am Burgtheater. Natürlichkeit ist oberstes Gebot.

„Versuche keine Effekte zu erzielen, die nicht in deinem Wesen liegen." (Kurt Tucholsky)

1) Nützen Sie Ihre Sprechwerkzeuge!

Der gesamte Unterkiefer ist am Artikulationsvorgang beteiligt und sollte locker im Gelenk hängen. Achten Sie daher darauf, dass Ihr Unterkiefer nicht starr, sondern beweglich bleibt! Die Zunge ist ein Muskel, der zur Artikulation wichtig ist und laufend arbeiten soll. Liegt sie träge in der Mundhöhle, darf sich ihr Besitzer nicht wundern, wenn er kaum verstanden wird. Bei vielen Buchstaben des deutschen Alphabets setzt man vor allem Zähne und Lippen ein. Wer seine Zähne nicht in Ordnung hält und die Lippen beim Sprechen kaum bewegt, wird schwer verstanden. Außerdem besteht die Gefahr, dass durch undeutliche Artikulation auch die Kompetenz leidet.

2) Artikulieren Sie natürlich, aber richtig!

Viele Regeln sind bei der richtigen Aussprache zu beachten. Dem Sprachwissenschaftler Theodor Siebs verdanken wir diese Regeln der Sprechtechnik. Sein Ansatz war, dass „jede öffentliche Rede einer gepflegten Aussprache und bestimmter Regeln bedarf; Vorträge von Lehrern in Klassen genauso wie Predigten von der Kanzel oder Reportagen und Radiohörspiele – nicht nur der kunstgemäße Vortrag auf der Bühne." Durch die rasche Entwicklung des Rundfunks wurde das hochsprachlich gepflegte Wort zum Vorbild für viele Zuhörer. Es wuchs das Bedürfnis festzustellen,

was als „richtige Aussprache" und als „lautrein" gelten sollte. 1922 bekam der alte Titel „Bühnensprache" den neuen „Hochsprache" hinzugefügt.
Richtig zu sprechen bedeutet also nicht, einfach so zu reden, wie man es von den Eltern gehört hat, sondern Ausspracheregeln zu kennen und zu berücksichtigen. Wer lernt, richtig zu artikulieren, verzichtet automatisch auf gekünstelte Schönsprecherei und klingt natürlich sprachgebildet.

3) Üben, üben, üben!

Vokale und Konsonanten – der Stoff, aus dem Sprachen sind. Klang und Emotion werden vor allem über Vokale transportiert, darum beginnt professionelles Sprechtraining mit der Arbeit an den Selbstlauten, die Konsonanten sind vorerst zweitrangig. Die Vokale tragen Ihre Stimme, dadurch sind Sie identifizierbar. Ein gesprochenes „aaaa" gibt mehr von Ihnen preis, als ein „chchchch".

Übung:

Schritt I:

Es ist gar nicht einfach, einen Vokal auf Anhieb sauber zu treffen und länger zu halten. Beginnen Sie wahlweise mit einem tiefen, **O, Ö, U, Ü mittleren A oder hohen I, E, Ä.**

Schritt II:

Verändern Sie Mund- und Zungenstellung und finden Sie den optimalen Klang jedes Vokals heraus. Wo entsteht der Klang? Versuchen Sie, ihn nicht im Hals, sondern möglichst vorne im Mund am Gaumen zu bilden.

Üben Sie folgende Worte mit langem Vokal und ruhiger, nicht lauter Stimme: Rahmen, Zahlen, Wagen / Themen, Leben, heben / Miete, Niete, Flieder / Rote, Boote, Zoo / Rute, Gute, Ute / Nähte, Räte, Gräte / möchte, Töchter, Nöte / Hüte, Güte, Züge.

Schritt III:

Sprechen Sie die einzelnen Worte so, als wären sie mit einem Satzpunkt abgeschlossen. Senken Sie also die Stimme hörbar ab. Gewöhnen Sie sich gleich an, Worte und Sätze nicht mit einer Fragezeichen-Intonation in der Luft hängen zu lassen!

Vokalreihen:

Aber – Eber – Ebbe – über – oben – Eibe – Abend – eben – üben – üppig – übrig.
Pate – Bote – böten – beten – Bütten – bieten – bitten – Betten – Beet – bäten.
Mutter – Mode – Motto – Meter – Mieder – müde – Miete – Mitte.
Lob – Lappen – laben – Laub – Leib – laut – Leid – Leute – Leiter – Leder – Liter.
Zeuge – Ziege – Segen – Sieg – Säge – sagen – Zacke – säugen – Sog – Zug.
Rebe – Rippe – rieb – Rübe – Raub – reiben – Raupe – Räuber – Robbe – Rabe.
Kahl – Kelle – Kehle – Kiel – Keule – kühl – Köhler – Kohle – quoll – Quelle.
Gold – galt – Geld – gelt – gülden – Gulden – gürten – girrten – Gerten – Gärten.

Ihre Sprache wird besser, je öfter Sie konzentriert üben! Wer größere Sicherheit bei der Artikulation der Vokale erreicht, hat schon viel gewonnen! Vokale haben jedoch zahlreiche Facetten, es gibt:

- lange
- offene
- helle

- kurze
- geschlossene
- dunkle

Wir unterscheiden zwischen „kurzen" und „langen" Vokalen, wobei die kurzen in der Regel „offen" gesprochen werden und die langen Vokale „geschlossen". Natürlich gibt es Ausnahmen, die nach Theodor Siebs sprachgeregelt sind. Der Vokal „a" kommt sowohl lang als auch kurz vor, wird aber in jedem Fall „offen" gesprochen. Einige Orientierungshilfen:

Kurz ist der Vokal — vor Doppelkonsonanten: Herr, Tasse, Sinn ...
vor Konsonantengruppen: Hast, Speck, Lust, Zucker ...

Lang ist der Vokal — bei Verdoppelung: Schnee, Aal, Moor ...
vor einem Dehnungs-H: sieht, steht, geht ...
bei einem langen „i": Liebe, viel, Kiel ...

Offene Vokale unterscheiden sich in Bildung und Klangfarbe, denn sie brauchen eine größere Öffnung im Gaumensegelbereich (man nennt das „Gähnspannung"). Auch Mundhöhle und Kiefer sind weiter geöffnet als bei den geschlossenen Vokalen. Durch diesen größeren Resonanzraum kann der Ton in den Körper „zurückklingen" – daher ist die Klangfarbe bei offenen Vokalen abgedunkelter als bei geschlossenen. Unterscheiden Sie:

Lahm – Lamm
Liebe – Lippe

wogen – Wolle
loben – Wonne

Jeder Mensch kann in einer bestimmten ihm eigenen Tonhöhe leicht und mühelos sprechen. Wenn diese Indifferenzlage dauerhaft verlassen wird (im Extremfall überschlägt die Stimme), kommt es zu Anspannungen und Belastungen der Stimmlippen bis zur Heiserkeit. Die Stimme sollte beim Reden um die Indifferenzlage pendeln. Der natürliche Klang von „i" wirkt höher als „e" oder „a" bzw. „o". Der Vokal „u" ist von allen der dunkelste. Obwohl der Ton aus musikalischer Sicht gleich ist, verändert sich die subjektiv wahrgenommene Klanghöhe durch die Lautfärbung.

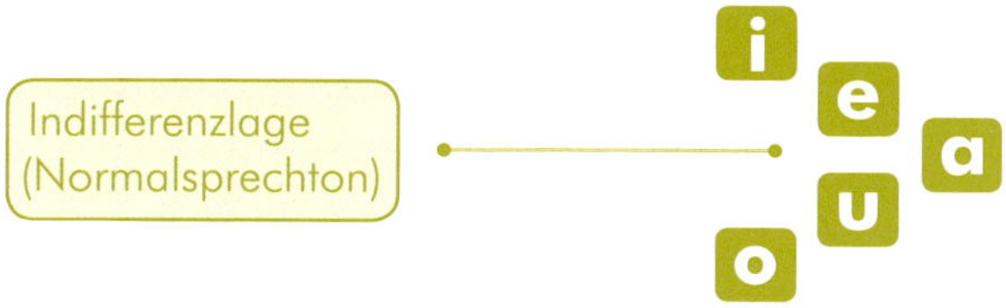

Einige Orientierungshilfen:
Hell klingen die Vokale: ä, e, i, ö, ü, äu, eu, ei
Dunkel klingen die Vokale: a, o, u, au
Helle Selbstlaute wirken daher höher, wogegen dunklere Vokale von Natur aus tiefer gesprochen werden.

Übungen des A
- Adam nahm am anderen Abend Abschied.
- Antike Rahmen haben Haken und Kanten.
- Alle Damen nahmen am Abend einen Schlaftrank.

Übungen des E
- Eben erlebte ein Egoist eine herbe Revanche.
- Neben den ebenen Wegen wachsen echte Zedern und Buchen.
- Geben jene reifen Reben dem Winzer genug edlen Wein?

Übungen des I
- Die Bank ließ die Überweisung Ihrer Miete immer wieder annullieren.
- Im Kinderzimmer liegen ziemlich viele lustige Spiele in den Kisten.
- Niemand will die niedlichen Riesenkaninchen wieder in ihren Zwinger bringen.

Übungen des O
- Wo konnte Ophraim noch bei Bewohnern ohne Zorn wohnen?
- Rohe Kartoffeln sollte man ohne Bohnen kochen.
- Vom Mond konnte Onkel Oskar romantische Poeme vortragen.

Übungen des U
- Unter Umständen wurde Ruhm durch ungute Handlungen ausgelöst.
- Aus lauter Unruhe wurde unmerklich Unmut zu Wut.
- Nur unten am Ufer unter uralten Ulmen wurde Uwe ungestörte Ruhe zuteil.

Anlautende Vokale

Gute Aussprache setzt voraus, dass Worte getrennt gesprochen werden und nicht ein Wort aus dem anderen gezogen wird. Wichtig ist dabei, dass Wörter, die mit einem Vokal beginnen, genau anzusetzen sind. Achten Sie bei den folgenden Übungen besonders auf den sauberen Vokalansatz!

Aal – am – er – es – ihm – in – Ohr – oft – um – Ära – öd – übel – auf – ein – Eis.
Abart – Amtseid – anecken – andersartig – aneignen – auseinander.
Ebenerdig – ehrerbietig – beerben – beehren – bergan – dereinst – derart.
Verein – Ereignis – geebnet – erarbeiten – eröffnen – Beachtung – erörtern.
Innerorts – unirdisch – überirdisch – Ostindien – irgendeiner – abirren.
Oberarm – Olivenöl – beordern – Unordnung – beobachte – oben auf.
Urenkel – umarmen – uneins – blutarm – überall – überein – übergeordnet.

Da unten – da oben – wo auch – sie ist – so einer – wie oft tu ich – weh euch.
Die Arbeit – die Amme – die eine – die einzige Enkelin – die erste Idee.
Schau auf – sah ihn an – früh übt sich – sieh einer an – hau ab – ist ihm egal.
Am Anfang – aus Eis – in Eile – lass ihn – ein anderer – im Eimer – im Argen.
Zum Ersten – das ist eine – sag's ihm – würg ab – freut euch – legt es – gib ab.
Das ist er – sag endlich etwas – red ihn an – findest ihn einen Esel.
Auf und ab – um irgendeine – vor allem andern – nie und nimmer – gib ihm.

Das ist ein Arzt – früh im Alter – Vieh auf der Alp – das alte Übel.
Reiß es aus – mach ich immer – bleib bei ihm – ruf ihn endlich an.
Um und um – entweder alles oder nichts – es ist immer alles in Ordnung.
Es artet alles einmal aus – auf immer und ewig – innen und außen.
An allen Ecken und Enden – er ist eingeengt – alle Äpfel abernten – es ist ererbt.
Ich ekle ihn an. Zum alten Eisen – er ärgert sich über ihn – isst er es auf.
Er ist inmitten einer Einöde – ein übler Verein – er ist am alten Ort.

An einem anderen Ort ist unser Emil ebenso arg eingeengt.
Er ehrt die Erinnerung an ihn außerordentlich und unablässig.
Zuerst beobachtete und beäugte der uralte Onkel Edgar in einzigartig eherner Arbeit alle acht übergeordneten Arten und alle elf untergeordneten Unterarten unserer einheimischen Oberengadiner und Unterengadiner Alpenanemonen und erachtete es Ende aller Enden als eine äußerst ideale Aufgabe, alle acht übergeordneten Arten und alle elf untergeordneten Unterarten in eine einzige einheitliche Ordnung aller Alpenanemonen einzuordnen.

Erlaubte und unerlaubte Bindungen

Das Gleiche gilt für Bindungen. Sobald ein Wort mit einem Vokal beginnt, muss sauber angesetzt werden: im / Osten. Verschleifungen wie „im_Most" sind dagegen erlaubt.

Im Most – im Osten. Das Aas – das saß. Vor Ostern – vor Rost.
Dem Mann – dem andern. Der Rand – der andere. Des Sohns – des Onkels.
Du und du – der und der – die und die – das und das – dann und dann.
Erinnert – verrinnt – verinnerlicht – verringert – verwirrt – verriegelt.
Vielleicht – viel Eiche – viel Leiden – wie Eiche – viele Leichen.
Überreich – übereilt – überrascht – überaltert – überall – überantwortet.
Lass es sein – lass es ein – es ist sein – ein und alles – leih es aus.

Diphthonge

Neben den Vokalen sind vor allem die Zwielaute wichtig, beide sorgen für die Melodie unserer Sprache. Diese Diphthonge setzen sich aus jeweils zwei Vokalen zusammen, die als ein Laut gesprochen werden. Richtig ausgesprochene Zwielaute brauchen ebenfalls einen klaren Ansatz und klingen beim Sprechen. Im Dialekt verlieren viele Wörter ihren schönen Klang: aus „Baum" wird dann etwa „Boom".

Daher ist es wichtig, das Sprachniveau durch richtig gebildete Diphthonge zu halten:

- **Ei/ai (gesprochen: ae)**
- **Eu/äu (gleich gesprochen: oö)**
- **Au (gesprochen: ao)**

Kaum jemand spricht Diphthonge auf Anhieb rein aus. Dem einen macht das AU mehr Probleme als das EU, der andere plagt sich besonders mit dem EI. Finden Sie heraus, wobei Ihre Mundmuskeln mehr arbeiten müssen. Die folgenden Übungen helfen Ihnen beim Sprechtraining. Lesen Sie laut:

Übungen des AU

Das traurige Ende der Bauern Paul Auf der Mauer. Paul Auf der Mauer war ein baumlanger, kauziger Bauer. Das sauber ausschauende Bauernhaus wurde von manchem Beschauer bestaunt, auch von Ausländern. Außer Hauses war Paul nur auf dem schnaubenden Graubraunen in den Hauptort. Im August zog er von Haus zu Haus. Laut „Pflaume! Blaue Pflaumen!" ausrufend, baute er sich vor den Haustüren auf und lockte die Hausfrauen heraus.

Seine Frau Claudia saß in der sauberen blauen Bauerntracht auf den Pflaumen und passte auf, dass niemand Pflaumen klaute und dass beim Pflaumenverkauf auch etwas herausschaute, da Paul nicht aufs Geld aus war. Man staunte, als Paul Auf der Mauer seinen Bauernhof samt Bauernhaus verkaufte. Es kam heraus, dass er mit Kaufen und Verkaufen alles, auch das Brautgut seiner Frau, verbraucht hatte. Aus dem Verkaufserlös kaufte er von Ausländern Bauland, welches zum Bauen untauglich war, so dass er strauchelte und auch den Graubraunen verkaufen musste. Aus dem Bauern wurde zunächst ein Maurer. Doch auch dazu taugte Paul nicht. Bald traute er sich kaum mehr außer Haus. Das traurige Ende von Paul Auf der Mauer nahte, als man ihn mit zerrauftem Haupt auf seinem verkauften Bauernhof umherlaufen sah. Aber dennoch erschauerte die Frau des neuen Bauern, als Paul eines Morgens an einem Pflaumenbaum baumelte.

Übungen des EI

Einst war Heinrich Geier ein kleiner Schreiber im Gemeinderat meiner Heimatgemeinde. Die meisten seiner Arbeiten meisterte er mit Eifer und Fleiß. Aber ein kleiner Schreiber zu bleiben genügte dem kleinen Heinrich keineswegs. Einmal, auf dem Heimweg von einer Gemeindeversammlung, leistet sich einer der drei Oberschreiber eine Kleinigkeit: Er beteiligte sich an einer Keilerei.

Heinrich Geier teilte dieses Ereignis sogleich dem Gemeindeamt mit, und nach einiger Zeit war eigenartigerweise Heinrich Geier einer der drei Oberschreiber. Die beiden gleichgestellten Schreiber verleitete er, sich kleine Ungereimtheiten zu leisten. Diese Kleinigkeiten weitete er vor dem Gemeinderat dreist zu Gemeinheiten aus. Nach einiger Zeit war der kleine Heinrich alleiniger Gemeindeschreiber. Er errichtete sogleich sein eigenes Reich, eine Tyrannei im Kleinen. Die meisten seiner Mitarbeiter, deren kleine Fehler er geistreicherweise eigens in einer Kartei aufzeichnete, fürchteten ihn, bis auf den eifrigen, fehlerfreien Heinz Peyer, der eines Tages im Mai dem Gemeinderat mitteilte, Heinrich Geier habe sich beim Bau des Gemeindeheims für Geistesschwache bereichert. Nach einiger Zeit war Heinz Peyer alleiniger Gemeindeschreiber.

Übungen des EU/ÄU

Eulalia Leuthold war die neunte Tochter eines Bäuerleins. Äußerlich glich sie schon mit neunzehn Jahren so deutlich einer Eule, dass nie ein freundlicher Bräutigam sie erfreute und die Leute sie immer häufiger Eule nannten. Das machte Eulalia Leuthold scheu und scheuer, bis sie sich scheute, aus ihrem Häuschen zu gehen. Im Heute jedoch ging sie keuchend mit einem geräumigen Beutel auf die Heuwiese. Sie steuerte von Heuhaufen zu Heuhaufen und stopfte Kräuter und Heublumen in den Beutel. Häufig wurde sie aber von der Meute der teuflischen Kinder, die „Eule, Eule!" hinter ihr herheulte, wieder in ihr Häuschen gescheucht. Dort schüttelte sie die Samen aus dem Heu und den Kräutern. Den Beutel mit Heusamen bewahrte sie für ihre treuen Freunde. Im Winter streute sie den Heusamen auf das Gemäuer und unter Bäume und Sträucher vor ihrem Häuschen. Was da kreucht und fleucht, saß auf Gemäuer und Zäunen. Eulalia Leuthold äugte aus ihrem Häuschen, man sah deutlich, dass es ihre große Freude war. Als Eulalia Leuthold mit neunundneunzig Jahren starb, waren die gefiederten Freunde nicht von den Bäumen und Zäunen wegzuscheuchen. Was aber die Leute erschreckte: Auf dem Häuschen saß, der Eulalia Leuthold täuschend ähnlich, eine ungeheure Eule.

Eine witzige Art, Konsonanten zu trainieren, sind Zungenbrecher. Beginnen Sie langsam und steigern Sie dann Ihr Sprechtempo. Achten Sie jedoch darauf, dass Sie immer noch fehlerlos lesen!

Übungen für Zungenbrecher:

- Allergischer Algerier, algerischer Allergiker.
- Bismarck biss Marc, bis Marc Bismarck biss!
- Esel essen Nesseln nicht, Nesseln essen Esel nicht.
- Unter einer Fichtenwurzel hörte ich einen Wichtel furzen.
- Max wachst Wachsmasken. Was wachst Max? Wachsmasken wachst Max.
- Rauchlachs mit Lauchreis und Lauchreis mit Rauchlachs.
- Wer nichts weiß und weiß, dass er nichts weiß, weiß mehr als der, der nichts weiß und nicht weiß, dass er nichts weiß.
- Sechs sächsische Säufer zahlen zehn tschechische Zechen.
- Zwanzig Zwerge zeigen Handstand, zehn im Wandschrank, zehn am Sandstrand.

Einige Orientierungshilfen:
Weiche Konsonanten wie b, d und g am Wortende werden hart gesprochen und klingen damit ähnlich wie: p, t und k.

o**b** er	wird zu: o**p** er
un**d** daher	wird zu: un**t** daher
geh we**g**	wird zu: geh we**k**

Da wir eine lebende Sprache sprechen, müssen wir akzeptieren, dass sie sich im Lauf der Zeit verändert, was neue Ausspracheregeln erklärt. Worte werden oft anders gesprochen, als sie geschrieben stehen. Eines dieser Phänomene ist der **Schwalaut**. Ein unbetontes *„e"* wird als Schwa gesprochen, z. B. in den Wörtern *Mücke* und gegangen. Dieser Laut wird abgedunkelt und in vielen Fällen fällt das *„r"* ganz: wer, leer, sehr, wir, war …

Einige Orientierungshilfen:

1) anstelle von -er am Wortende:

besser	bess^{er}
Pater	Pat^{er}
über	üb^{er}

2) in Vorsilben:

Ereignis	^{Er}eignis
Zerwürfnis	Z^{er}würfnis
verlieben	v^{er}lieben

3) anstelle von -r nach langen Vokalen:

vor	vo^{er}
Uhr	Uh^{er}
Behörde	Behö^{er}de

4) Sprachregelungen nach Theodor Siebs:
^{Er}de, w^{er}, d^{er}, ^{er}st, Pf^{er}de, H^{er}de, Schw^{er}t, Beschw^{er}de, W^{er}t

Es gibt noch weitere Regeln der Sprechtechnik. Schade ist, dass wir in der Schule viel über die richtige Betonung von Fremdsprachen lernen, aber kaum etwas über die korrekte Artikulation der Muttersprache. Nur an wenigen Universitäten kann man Sprechtechnik, Phonetik, Agogik oder Rhetorik studieren, dabei gehörten diese Kenntnisse schon in der Antike zum Allgemeinwissen.

Diätplan Tag 11

Rezeptvorschlag: Frühstück	**Beispiel:**
Nehmen Sie sich heute bewusst Zeit für die Melodie Ihrer Sprache – achten Sie besonders auf Ihre Vokale, Umlaute und Diphthonge ! Starten Sie mit einer Sprechübung in den Tag: langsam und genau! la balla-la ba — la balla-la be la balla-la bi — la balla-la bo la balla-la bu — la balla-la bä la balla-la bö — la balla-la bü la balla-la bau — la balla-la bei la balla-la beu	*Nach Sprechübungen arbeiten Ihre Mundmuskeln schneller und die Aussprache wird exakter. Gerade in Sprechberufen und am Telefon gewinnen Menschen, die deutlich artikulieren an Kompetenz!*

Rezeptvorschlag: Mittagessen	**Beispiel:**
Es ist Zeit, Ihren Anrufbeantworter oder die Mailbox neu zu besprechen: Überlegen Sie sich zuerst, welchen Text der Anrufer hören soll; nehmen Sie Ihre Stimme so lange auf, bis Sie mit dem Ergebnis zufrieden sind!	*„Alma Traunstein. Herzlich willkommen in meiner Mailbox. Gerne rufe ich zurück! Name und Telefonnummer nach dem Signal."*

Rezeptvorschlag: Abendessen	**Beispiel:**
Beobachten Sie andere beim Sprechen. Wann wirkt „schön sprechen" künstlich oder verkrampft, wann wird richtig artikuliert?	*Wir lernen auch aus den Fehlern der anderen, z. B. aus den Medien:* *„GudenDagbeimGewinnspiel:HerzisDrumpf"* *Wer zwischen Worten und Sinnschritten keine Zäsuren macht, wirkt nicht souverän.*

12. Tag
Die Waage zeigt Ihren Erfolg:

Sie wissen, welche Vokalarten es gibt

Ihre Indifferenzlage ist Ihnen bekannt

Die Grundregeln der Aussprache sind Ihnen vertraut

Cardio-Training für Ihre Argumentation

12. Kapitel
Nika Triebe

Heute bringen wir Herz und Kreislauf Ihrer Rhetorik in Schwung!

Wer argumentiert, kann:

- konstruktiv Kritik leisten
- Neues mitgestalten
- Zusammenhänge erklären
- Vorurteile aufbrechen
- Begründungen nachvollziehen
- Konflikte ausdiskutieren
- Missverständnisse klären

Eine heftige Debatte ist entbrannt. Bei den Teilnehmern wird der Pulsschlag schneller, die Gesichtsfarbe verändert sich, der Atem wird flacher, die Stimmen höher und lauter. Schlussendlich spricht nur noch einer, er steigt als Gewinner aus dem Boxring der Argumentation. Ob in der Gehaltsverhandlung oder in der Diskussion mit Ihrer pubertierenden Tochter, zukünftig werden Sie nicht mehr ausgezählt. Mit dem notwendigen Know-how ausgestattet, vertreten Sie Ihren Standpunkt souveräner. Das Ziel einer Argumentation ist nicht nur, die eigene Meinung darzulegen, sondern auch eine Annäherung oder einen Konsens zu finden. Die Debatte ist im Gegensatz dazu eine Art Schaukampf, in dem es ausschließlich darum geht, die eigene Position zu begründen und darzulegen. Sie ist vergleichbar mit einem politischen Schlagabtausch: Die Entscheidung, welche Partei nun die besten Lösungen bereithält, liegt in letzter Konsequenz beim Wähler. Die wichtigste Voraussetzung für die gelungene Argumentation ist ein klarer Standpunkt. Der überstrapazierte Satz „Das kommt darauf an …" bringt Sie sofort ins Abseits. Je besser Sie über ein Thema Bescheid wissen, umso leichter ist es für Sie, Ihren Standpunkt klar zu machen. Sie brauchen nicht Experte zu sein, um eine Meinung zu haben. Wie bei der Zubereitung eines Festessens stellt die Vorbereitung auf ein Gespräch einen sehr wesentlichen Part dar. So wie die Kochkunst kann auch die Kunst der Argumentation gelernt werden!

Wer ist eingeladen?

Im Kapitel 3 haben Sie bereits gelernt, wie wichtig es ist, sich auf den jeweiligen Gesprächspartner einzustellen. Das Gleiche gilt für die gelungene Argumentation. Sie reden mit Ihrem Partner anders als mit dem Hausverwalter – die Argumente müssen für Ihr Vis-à-vis nachvollziehbar sein. Wählen Sie Beispiele, die dem Erlebnishorizont des anderen entsprechen. So können Sie sicher sein, dass er Ihren Standpunkt nicht nur versteht, sondern auch nachempfinden kann.

Welche Zutaten brauche ich?

Bei jedem Thema gibt es eine Fülle von Pro- und Kontra-Argumenten. Bereiten Sie sich auf wichtige Gespräche vor! Schreiben Sie Ihre Argumente in Stichworten nieder. Überlegen Sie, welche auf Ihren Gesprächspartner besonders überzeugend wirken könnten. Fünf Argumente bilden das Fundament, weitere ergeben sich im Gespräch. Sinnvoll ist es auch, schon in der Vorbereitungsphase darüber nachzudenken, welche Gegenargumente der Gesprächspartner voraussichtlich einbringen wird. Diplomatisch wirkt es, potenzielle Kontras in die eigene Argumentation einzubauen und zu widerlegen. Sie zeigen dadurch, dass Sie alle Aspekte in Betracht gezogen haben und gerade darum zu Ihrem Standpunkt kommen konnten.

Achten Sie auf Unverträglichkeiten!

Wie oft reden Menschen an einander vorbei, statt miteinander zu sprechen! Gehen Sie auf die Argumente Ihres Gegenübers ein, beginnen Sie Ihre Sätze nicht mit „Ja, aber ...". So zeigen Sie Interesse und Verständnis. Die „eingeschränkte Zustimmung" ist eine wunderbare Technik, um dem anderen Wertschätzung zu vermitteln und dennoch den eigenen Standpunkt zu erklären. Geben Sie Ihrem Gesprächspartner teilweise Recht und formulieren Sie dann Ihre Gegenargumente („Sie haben Recht, wenn Sie sagen ... ich betone nur, dass ...").

Richten Sie kleine Portionen an

Kurze treffende Argumente sind besser als ein großes, das seine Wirkung verfehlt. Setzen Sie so viele Argumente ein wie nötig, um Ihren Gesprächspartner zu überzeugen. Überflüssige Argumente können Ihr Gegenüber sogar verwirren. Starten Sie mit einem starken Argument und lassen Sie dann schwächere folgen. Behalten Sie eine starke Begründung für den späteren Verlauf der Diskussion in Reserve.

Das Beste zum Schluss!

Gehen Sie sparsam mit Ihren Argumenten um! Die meisten Menschen positionieren am Anfang einer Diskussion sofort ihren Standpunkt und geraten so leicht in eine Sackgasse. Stellen Sie zunächst das Thema dar, nicht Ihre Meinung! Besonders geeignet dafür ist der dialektische Ansatz. Sie profitieren davon, wenn Sie herausfinden, wie Ihr Gegenüber denkt. Dieses Wissen hilft Ihnen, das Gespräch in die von Ihnen gewünschten Bahnen zu lenken.

Tipp:

Machen Sie 3–4 Sekunden Sprechpause nach einem Argument. Sie verleihen dadurch der Aussage mehr Gewicht.

Die folgende Tabelle unterstützt Sie bei der Vorbereitung Ihrer Argumentation. Sie dient als Checklist und hilft Ihnen, Ihr Thema aus möglichst vielen Perspektiven zu betrachten.

Art des Arguments	Beschreibung	Vorteil	Gefahr
Fakten-Argument	Zahlen, Daten, Statistiken	Aktualität, Überprüfbarkeit	Wenig bildhaft, Gesprächsbremse
Autoritäts-Argumente	Meinung anerkannter Autoritäten	Mehrere Meinungen kommen zum Einsatz	Verlust der eigenen Autorität
Normen-Argumente	Gesetze, Normen	schwer widerlegbar	Sehr trocken
Werte-Argumente	In der Gesellschaft vorherrschende Wertvorstellungen z. B. Sicherheit	Erhöhen die emotionale Zustimmung	Eindimensional
Erfahrungs-Argumente	Persönliche Erfahrungen	Sind glaubwürdig und bildhaft	Sehr subjektiv, wenn inflationär eingesetzt
Analogie-Argumente	Vergleich ähnlicher Vorgänge	nachvollziehbar, emotionale Kraft	Scheinvergleich
Logik-Argumente	Logische Kette	Unbestreitbar, verständlich	Scheinlogik
Nutzen-Argumente	Vorteile und positive Konsequenzen	Schaffen hohe Bereitschaft zur Zustimmung, plakativ	Anbiederung, Versprechen, die nicht gehalten werden können
Gefahren-Argumente	Gefahren, negative Konsequenzen	Wirken objektiv, sind eindringlich	Schwarzmalerei, Drohungen

Je häufiger Sie Argumentationen in dieser Form vorbereiten, um so weniger Zeit werden Sie dafür zukünftig brauchen. Oft entstehen Diskussionen jedoch spontan und es fehlt die Zeit, um nach Argumenten zu suchen. Hier hilft der „Argumentations-Kompass". Der kausale und der dialektische Ansatz sind Ihnen bereits vertraut. Hinzu kommen nun noch Überlegungen zur Wirkung eines Arguments. Positive Konsequenzen stellen eine Chance dar, negative eine Gefahr. So wie Sie vor dem Kochen in den Kühlschrank sehen, werfen Sie einen imaginären Orientierungsblick auf den hoffentlich schon bald internalisierten Argumentations-Kompass. Wählen Sie eine Argumentationslinie, die für das spezielle Thema geeignet ist. Es ist möglich, aber nicht zwingend notwendig, jeden einzelnen Punkt einzubauen.

Der „Argumentations-Kompass" ist eine wunderbare Methode, die Ihnen Orientierung gibt und verschiedene Aspekte eines Themas ausleuchtet.

Der Argumentations-Kompass

Thema:

Standpunkt:

Zielgruppe:

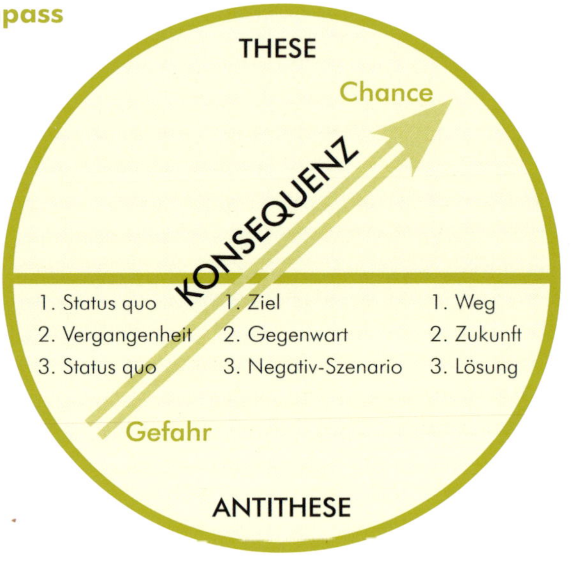

Beispiel:
Thema: Die rhetorische Kompetenz – ein Vorteil in der globalisierten Welt?
Standpunkt: Ja
Zielgruppe: Alle, die zweifeln

Vergangenheit: *Demosthenes meinte, am wirkungsvollsten sei es, mit einer Hand voll Kieselsteinen im Mund die Aussprache zu trainieren.*
Gegenwart: *Studien belegen, dass die Art wie wir kommunizieren, entscheidend für Sympathie und damit für Erfolg ist.*
Zukunft: *Gerade durch die Globalisierung wird es notwendig, noch stärker darauf zu achten, wie wir uns ausdrücken, wie wir argumentieren.*
Gefahr: *Wenn wir unsere rhetorische Kompetenz nicht ausbauen, könnten interkulturelle Unterschiede zu Konflikten führen.*
These: *Einerseits schärfen wir im Kommunikations-Training das Bewusstsein für die eigene Form der Kommunikation und Argumentation …*
Antithese: *Andererseits gelingt es uns, durch unsere Sensibilisierung die Nuancen anderer Denkweisen wahrzunehmen und adäquat darauf zu reagieren.*
Chance: *Training erhöht nicht nur die Nachvollziehbarkeit der Gedanken in der eigenen Kultur, es trägt auch dazu bei, interkulturelle Differenzen zu überwinden.*

Während einer Podiumsdiskussion oder eines Vortrags sollten Sie die verschiedenen Perspektiven des Argumentations-Kompasses in ein Statement packen. In Gesprächen werden kleinere Portionen Ihres Argumentationsvorrats zum Einsatz kommen. Sie räumen Ihren Kühlschrank ja auch nicht leer, wenn Sie Gäste erwarten.

FAQs rund um die Argumentation

Wie unterbreche ich den Vielfraß?

O ja, es gibt sie, die Schlinger! Sie meinen, dem anderen das Maul stopfen zu können, indem sie das eigene gar nicht mehr schließen. Das Schlimme daran ist, dass sie sich allzu oft mit dieser Taktik tatsächlich durchsetzen. Die Höflichkeit verbietet es, den anderen zu unterbrechen. Doch nach allerspätestens zwei Minuten Monolog sollte die geduldig abwartende Haltung ein Ende haben. Bleiben Sie im Ton ruhig und freundlich, doch auch bestimmt. Schauen Sie dem anderen in die Augen, sprechen Sie Ihn mit Namen an, auf diese Weise wird es Ihnen leichter fallen, seine Aufmerksamkeit zu erregen. Jeder Mensch wird gerne gelobt. Sagen Sie ihm etwas Positives und er wird zuhören. Unterbrechen Sie möglichst nicht mit dem Satz: „Es tut mir Leid, wenn ich Sie unterbreche ..." Meistens tut es Ihnen gar nicht Leid und Ihre Souveränität leidet. Versuchen Sie es lieber so:

- Hans, da ist vor allem ein Aspekt, den wir näher erläutern sollten!
- Sabine, deinen Standpunkt kann ich in vielen Bereichen teilen.
- Herr Mampf, ich bin überzeugt, Sie verfügen über eine Menge Erfahrung.

Wie behalte ich die Gesprächsführung?

Wie so oft in der Gesprächsführung heißt auch hier die Lösung: Fragen! Sie sind der Motor des Gesprächs. Unerwartete Fragen verblüffen, mittels offener Fragen können Sie den Gesprächsverlauf steuern. Wenn Sie das Terrain bereits sondiert haben, stellen Suggestiv-Fragen auch ein Mittel zur Gesprächssteuerung dar. Setzen Sie jedoch nicht viele Suggestiv-Fragen ein, sonst hat Ihr Gesprächspartner das Gefühl, Sie wollen ihn manipulieren und reagiert unwillig.

Wie gehe ich mit schwierigen Diskussionsteilnehmern um?

Typus	Verhalten	Ihre Strategie
Die Naschkatze	Quatscht einfach los.	Führen Sie durch Fragen!
Der Fastenfreak	Trägt einfach nichts zum Gespräch bei.	Binden Sie diesen Gesprächsteilnehmer bewusst ein!
Dor Haar in der Suppe-Finder	Versteht Sachargumente als persönlichen Angriff.	Nennen Sie Ihre Informationsquelle.
Das Zuckergoscherl	Will durch Schmeichelei beeinflussen.	Sprechen Sie diese Taktik an.
Der Diättagebuch-Poet	Will alles näher definiert und mit Quellen belegt haben.	Definieren Sie gemeinsam wichtige Punkte. Stellen Sie klar, wo das Verhalten die Argumentation bremst.

Typus	Verhalten	Ihre Strategie
Der Buffett-Fetischist	Hat keine definitive Meinung, legt sich nicht fest.	Nutzen Sie den Konsequenzpfeil des Argumentations-Kompasses, stellen Sie die Gefahren dieser Haltung dar.
Der Schonkost-Esser	Keine Lösung scheint ihm gut genug, macht aber selbst keine Vorschläge.	Arbeiten Sie mit der paradoxen Intervention
Der Schlinger	Spricht und spricht, lässt keine andere Meinung zu.	Unterbrechen Sie! Wie Sie das am besten tun, haben Sie gerade gelernt.
Der Knorpel-beißer	Blockiert das Gespräch durch Killerphrasen.	Wenden Sie die Techniken an, die in den Kapiteln 15 & 20 beschrieben sind.
Der Küchenchef	Hält sich mit der persönlichen Stellungnahme möglichst lang zurück.	Fragen Sie konkret nach seiner Meinung!

Was tue ich, wenn ich auf eine Frage nicht antworten kann?

Geben Sie das ruhig zu. Ist die Frage eher allgemeiner Natur, ist es sinnvoll, sie aufzunehmen. Beleuchten Sie einen Randaspekt oder stellen Sie weitere Zusammenhänge her. Beobachten Sie, wie manche Politiker nicht auf Fragen antworten und Sie werden schnell merken, dass diese Taktik – inflationär angewendet – Sympathiepunkte kostet.

Wie gewinne ich Zeit?

Sie haben Zeit! Sprechen Sie bewusst etwas langsamer und machen Sie sinnvolle Pausen. Satzeinleitungen, die darauf hinweisen, wie die folgende Aussage zu bewerten ist, stellen auch ein wenig Zeitgewinn dar:

- „Überraschend an den neuesten Umfrageergebnissen ist …"
- „Interessant war für mich vor allem …"
- „Reizvoll an der Idee finde ich …"

Eine wirkungsvolle Variante ist die Eigenregiefrage. Mit diesem rhetorischen Stilmittel strukturieren Sie für den anderen hörbar Ihre Gedanken, z. B. „Ich überlege gerade, wie ich in dieser Situation reagiert hätte …" „Wie schaffen wir es, zukünftig diese Fehler zu vermeiden? Darüber denke ich im Augenblick nach …"

Wie gelingt es, eine Diskussion zu beenden?

Wichtig ist in jedem Fall, dass das Gespräch keinen bitteren Nachgeschmack hinterlässt. War es unmöglich einen Konsens zu finden, fassen Sie die wichtigsten Aspekte einfach zusammen und zeigen Sie auf, wo es Annäherungen gibt. Geben Sie niemals einfach klein bei, nur um ein Gespräch abzukürzen. Sind Sie zu einer gemeinsamen Sicht gekommen, subsumieren Sie das Ergebnis und zeigen Sie ruhig Ihre Freude darüber.

Diätplan Tag 12

Rezeptvorschlag: Frühstück

Lesen Sie aufmerksam den innenpolitischen Teil einer seriösen Tageszeitung. Wählen Sie einen Artikel, in dem verschiedene Meinungen erläutert werden, aus. Streichen Sie die Argumente der Kontrahenten mit Leuchtstift an. Ordnen Sie nun die Thesen den Argumentarten zu.

Rezeptvorschlag: Mittagessen

Argumentieren Sie mittels Argumentations-Kompass.

Ihre Themen:

- Haben es schöne Menschen leichter?
- Welchen Einfluss hat die kommunikative Kompetenz auf den beruflichen Erfolg?

Sprechen Sie dabei unbedingt laut!

Rezeptvorschlag: Abendessen

Finden Sie möglichst viele pro und contra Argumente zu einem Thema Ihrer Wahl.

13. Tag
Die Waage zeigt Ihren Erfolg:

Sie kennen die wichtigsten Argumentationsarten

Der Argumentations-Kompass erleichtert Ihnen spontanes Überzeugen

Sie behalten die Führung in einem Gespräch

Wie erfolgreich ist Ihr Rede-Rezept?

13. Kapitel
Tatjana Lackner

Egal wie lange der Tag war und wie müde Sie sind, kochen Sie selbst! Hausmannskost schmeckt besser als ein Tiefkühlgericht. Die eigene Meinung überzeugt mehr als ein Fertiggericht aus dem gesellschaftlichen Mainstream und sie ist schnell „gekocht". Wer soll Sie denn verkaufen, wenn nicht Sie selbst? Wer sollte besser als Sie über Ihre Ideen Auskunft geben können? Eine gute Figur im Eigenmarketing machen Sie, wenn Sie Ihre Kommunikationsmuskeln trainieren. Sie brauchen:

- frische Informationen
- logische Argumente
- sprachliche Bilder und gute Vergleiche

So bereiten Sie Ihre Meinung zu:

1) Waschen Sie Ihre Informationen!
Achten Sie darauf, dass Ihre Informationsquellen nicht verunreinigt sind und frisch recherchiert wurden, sonst hat Ihre Meinung einen faulen Nachgeschmack!

2) Schälen Sie Ihre Meinung!
Verwenden Sie nur das Herzstück Ihrer Argumentation, verzichten Sie auf holzige Randschauplätze! Je konsistenter Ihre Meinung im Kern ist, umso eher wird der Gesprächspartner anbeißen.

3) Zerteilen Sie die Argumente!
Ihr Gegenüber soll die einzelnen Argumente gut verdauen. Strukturieren Sie das Thema und präsentieren Sie Happen in sinnvoller Größe!

4) Kurze Garzeit!
Fassen Sie sich kurz. So bleiben Ihre Argumente knackig und der Gesprächspartner interessiert. Die überzeugenden Vitamine bleiben erhalten.

5) Würzen Sie mit Sagern!
Bonmots, Sager, sprachliche Bilder und passende Vergleiche sind das Chili der Argumentation und peppen Ihre Meinung auf. Doch Vorsicht! Zu viel Schärfe verdirbt das beste Argument!

Woran erkennen Sie den USP Ihrer Botschaft?

Unter **USP** (Unique Selling Proposition) versteht man den einzigartigen, der Konkurrenz überlegenen Wettbewerbsvorteil eines Produktes, z. B. beste Qualität, niedrigster Preis, stärkstes Argument ... Diese Differenzierung ist wichtig, um Ihre Marktchancen zu erhöhen. Jeder Mensch ist einmalig. Die Frage ist nur: Ist auch seine Botschaft einmalig? Wir präsentieren Meinung – das wortgewordene Produkt unserer Gedanken. Fehlt Ihnen Eigenmotivation, so werden Ihre Vorschläge und Ideen andere wenig interessieren. Ihren USP zu finden ist ein wichtiger Schritt auf dem Weg zum Eigenmarketing. Jeder Diskurs hilft Ihnen, Standpunkte zu formen und steigert Ihre Fähigkeit, unterschiedliche Perspektiven wahrzunehmen. Potenzielle Käufer Ihrer Wortprodukte sind: Kollegen, Familienmitglieder, Kunden, Vorgesetzte, Freunde … Der Handel mit Meinungen ist rege, Kundschaft gibt es überall.

Man kann auf seinem Standpunkt stehen, aber man sollte nicht darauf sitzen. Kommunikation findet dort statt, wo Sender und Empfänger Botschaften austauschen. Es gibt viele Redegattungen. Kaum jemand ist in allen gleich gut. Im Deutschunterricht haben wir sie alle kennen gelernt: Reportage, Erläuterung, Nacherzählung, Inhaltsangabe … Finden Sie anhand der folgenden sieben Redegenres heraus, wo Ihre rhetorische Fähigkeit am größten ist. Natürlich verschwimmen die Grenzen im Alltag, in bestimmten Berufsgruppen sind einige Redefertigkeiten unerlässlich.

1) Redegenre: Erklären

Schon in der Schulzeit beeindrucken uns Lehrer und Mitschüler, die Zusammenhänge gut darstellen. Wer gerne erklärt, verwendet kurze Sätze, spricht deutlich und kann Inhalte leicht fassbar aufbereiten. Diese Menschen wissen, was zuerst verstanden und was noch vertieft werden soll. Lehrer, Trainer und andere Informationsvermittler müssen Inhalte erklären können. Sind Sie schon einmal dafür gelobt worden, dass Sie Zusammenhänge gut darlegen können?

Übung:

a) Erklären Sie den Unterschied zwischen „abnehmen" und „fasten"
b) Was meint man mit dem Sprichwort: „Eulen nach Athen tragen?"

2) Redegenre: Zusammenfassen

Nicht jeder kann komplexe Inhalte auf den Punkt bringen und sich kurz fassen. Wenn man um die Zusammenfassung eines Buches bittet, will man schließlich keine Nacherzählung hören. Abstraktes Denken ist gefragt und schnelles Abwägen der Prioritäten. Was darf in der Subsumierung nicht fehlen? Welche Passagen sind verzichtbar? Jedes Meeting muss am Ende zusammengefasst werden. Für Ärzte, Forscher, Polizisten … ist es wichtig, dass sie Sachverhalte gut im Überblick präsentieren können.

Übung:

a) Fassen Sie diese Fabel zusammen und erklären Sie die Moral der Geschichte?

Der Löwe und die Maus

Gerade zwischen den Tatzen eines Löwen kam die leichtsinnige Maus aus der Erde. Der König der Tiere aber schenkte ihr das Leben. Diese Güte wurde später von der

Maus belohnt – so unwahrscheinlich es zunächst klingt. Eines Tages fing sich der Löwe in einem Netz, das als Falle aufgestellt war. Er brüllte schrecklich in seinem Zorn und versuchte zu entkommen – doch das Netz hielt ihn gefangen. Da kam die Maus herbeigelaufen und zernagte einige Maschen, so dass sich das ganze Netz auseinander zog und der Löwe frei war. (La Fontaine)

b) Fassen Sie die wichtigen Ereignisse vom letzten Jahr zusammen! Was waren nennenswerte Tage?

3) Redegenre: Nacherzählen

Menschen, die gut nacherzählen können, merken sich Details. Sie vermitteln Inhalte wertfrei und schildern erlebte Stimmungen. Für dieses Redegenre braucht man besonders viel Empathie. Reporter, die von Krisengebieten berichten, verfügen über diese Fähigkeit. Auch Fremdenführer, die Einblick in die Geschichte und historische Erlebnisse geben, sollten gute Erzähler sein.

Übung:

a) Erzählen Sie einen Film oder ein Buch Ihrer Wahl in nur fünf Minuten nach!
b) Was war die bisher größte Herausforderung Ihres Lebens und wie lief sie ab?

4) Redegenre: Vortragen

Gute Präsentatoren lieben die Bühne und wollen andere begeistern. Da der Referent vor seinem Auditorium steht, sind gute Körpersprache und tadelloses Outfit besonders wichtig. Vortragende müssen über Zeitmanagement, Stimmvolumen sowie Rededramaturgie verfügen. In vielen Berufen sind Präsentationen an der Tagesordnung: Politiker, Professoren, Lehrer und Werbefachleute reden besonders häufig vor anderen.

Übung:

a) Sie haben eine Minute Zeit! Halten Sie spontan eine Lobrede auf einen Ihrer Kollegen. Untermauern Sie Ihre Wertschätzung mit Beispielen.
b) Sprechdenkübungen eignen sich für das Training des Sprachzentrums im Gehirn: Während Sie sprechen, trainieren Sie, den nächsten Gedanken zu fassen. Eine Minute haben Sie Zeit, um den Begriff „Charisma" zu definieren. Vermeiden Sie Aufzählungen, arbeiten Sie mit Vergleichen und Beispielen!

5) Redegenre: Gespräche moderieren

Extrovertierte reden gerne, Introvertierte hören lieber zu. Das ist durchaus keine passive Tätigkeit. Menschen, die ein Ohr für leise Töne haben, sind in vielen Berufen sehr gefragt. Aktives Zuhören, Fragen stellen, gemeinsame Nenner erarbeiten und für gutes Gesprächsklima sorgen, steht für Psychologen, Mediatoren, Consultants … im Vordergrund.

Übung:

a) Beim nächsten Telefongespräch üben Sie sich in aktivem Zuhören.

b) Hören Sie Ihre Mailboxansage ab und überprüfen Sie, ob die Ansage repräsentativ genug ist. Aktives Zuhören beginnt bei uns selbst.

6) Redegenre: Argumentieren

Überzeugend argumentieren kann nur, wer mehrere Seiten eines Problems sieht. Wie gut wiegen Sie Pro und Kontra unter Zeitdruck ab? Menschen mit analytischen Fähigkeiten, strategischem Denken und Gefühl für Taktik sind im Vorteil. Richter, Anwälte, Krisenmanager, Journalisten … müssen viele Aspekte berücksichtigen.

Übung:

a) Finden Sie mindestens drei divergierende Meinungen zu einem Thema, z. B.:
- Schauspieler als Politiker – verkommt die Demokratie zum Theater?
- Sollen Süßigkeiten für Jugendliche unter 18 Jahren verboten werden?

b) Suchen Sie sich ein Thema Ihrer Wahl und finden Sie Argumente gegen Ihre persönliche Überzeugung!

7) Redegenre: Motivieren

Selbstsicherheit, Sympathie und Begeisterung spielen bei der Überzeugungsarbeit eine große Rolle. Wir lassen uns nur motivieren, wenn für uns der Nutzen erkennbar ist. Sobald wir meinen, dass jemand aus Eigennutz predigt, beißt er auf Granit. Der größte Fehler in diesem Bereich ist, laut oder übertrieben viel zu reden. Verkäufer, Physiotherapeuten, Unternehmer … können sich das nicht leisten.

Übung:

a) Motivation beginnt bei uns selbst. Suchen Sie sich ein sinnvolles Ziel und formulieren Sie einen konkreten Anreiz.

b) Nehmen Sie sich 15 Minuten Zeit und legen Sie ein Mind Map zum Thema Lebensqualität an. Wodurch schöpfen Sie im Alltag Kraft?

Sie haben die Übungen gemacht. Nun geht es darum, den *USP* Ihrer Kommunikation zu finden.

- Bei welchem dieser sieben Redegenres haben Sie sich besonders geplagt?
- In welcher Redegattung waren Sie besonders gut?
- Wo müssen sie noch trainieren, damit Sie auch im Beruf punkten?

Nur wer sich selbst motivieren kann, wird andere mitreißen. Was können Sie konkret tun, um Ihre Eigenmotivation für bestimmte Ziele zu erhöhen?

Sieben Tipps zur Eigenmotivation:

1) Ausmisten!
Lernen Sie loszulassen. Was demotiviert Sie im Augenblick? Es ist wichtiger, die Ursache für ein Problem zu erkennen, als dessen Symptome zu bekämpfen. Manchmal kann hier ein Gespräch mit einem kompetenten Coach helfen.

2) Finden Sie Ihre persönlichen Motivatoren heraus
Schreiben Sie auf, wodurch Sie zu begeistern sind! Sobald Sie Klarheit darüber haben, was Sie antreibt, können Sie die Bedingungen gestalten. Unser Motivationskuchen unterstützt Sie.

3) Setzen Sie sich Ziele!
Nichts motiviert mehr als ein inspirierendes Ziel. Überlegen Sie, was Sie in diesem Jahr erreichen wollen, wie Ihr Leben in zehn Jahren aussehen könnte. Ziele haben gewaltige Motivationskraft!

Tipp: Ein Ziel ist positiv, erreichbar und messbar. Formulieren Sie Ihre Wünsche in der Gegenwartsform. Halten Sie fest, zu welchem Zeitpunkt sich Ihr Vorsatz erfüllt haben soll.

Beispiel:
„Das nächste Weihnachtsfest feiere ich bereits in meiner neuen Wohnung."

Lockvogel-Aufgaben können helfen, unangenehme Etappen bis zum Ziel durchzustehen. Wer abspecken will und alleine nur unregelmäßig zum Sport geht, sollte sich mit einem Freund zum Laufen verabreden. Oft sind wir konsequenter, wenn wir uns durch Verabredungen mit anderen ködern. Viele Selbsthilfegruppen funktionieren nach diesem Prinzip.

4) Feiern Sie!
Belohnungen stärken das Durchhaltevermögen. Auch ein Etappensieg ist eine Feier wert und ein Prestigegewinn. Viele Fans sind schon begeistert, wenn Ihr Club es bis ins Viertelfinale der Champions League schafft. Das stärkt das Selbstvertrauen und gibt Kraft fürs Halbfinale.

5) Zügeln Sie Ihren „inneren Richter"!
Der „innere Richter" kann uns das Leben ganz schön schwer machen: dieser Persönlichkeitszug stellt sowohl unser Tun als auch unser Sein massiv in Frage. Viel Selbstmotivation geht durch unseren „inneren Richter" verloren: Wir können mit uns strenger sein als der schärfste Kritiker. Sich dauernd selbst zu kontrollieren und über sich zu richten, ist Gift für die Eigenmotivation. Ermutigen Sie sich lieber!

6) Kommen Sie dem Ziel wirklich näher?

Rufen Sie sich in regelmäßigen Abständen Ihr Ziel in Erinnerung. Fragen Sie sich zwischendurch, ob Ihre Unternehmungen Sie dem gewünschten Erfolg wirklich näher bringen. Konzentrieren Sie sich danach erneut auf Ihre Fortschritte und behalten Sie die Zielgerade immer im Auge!

7) Gewinnen Sie den Spaß an Ihrer Tätigkeit zurück!

Menschen, die Freude an ihrer Arbeit haben, brauchen keinen Motivationstrainer. Klären Sie, was Ihnen Spaß im Job macht und versuchen Sie, sich stärker in dieses Tätigkeitsfeld einzubringen.

Der Motivationskuchen

Sicherheitsdenken oder der Hunger nach Macht – meistens haben wir mehr als nur einen Motivator. In welchem Kuchenstück verstecken sich Ihre Motivatoren?

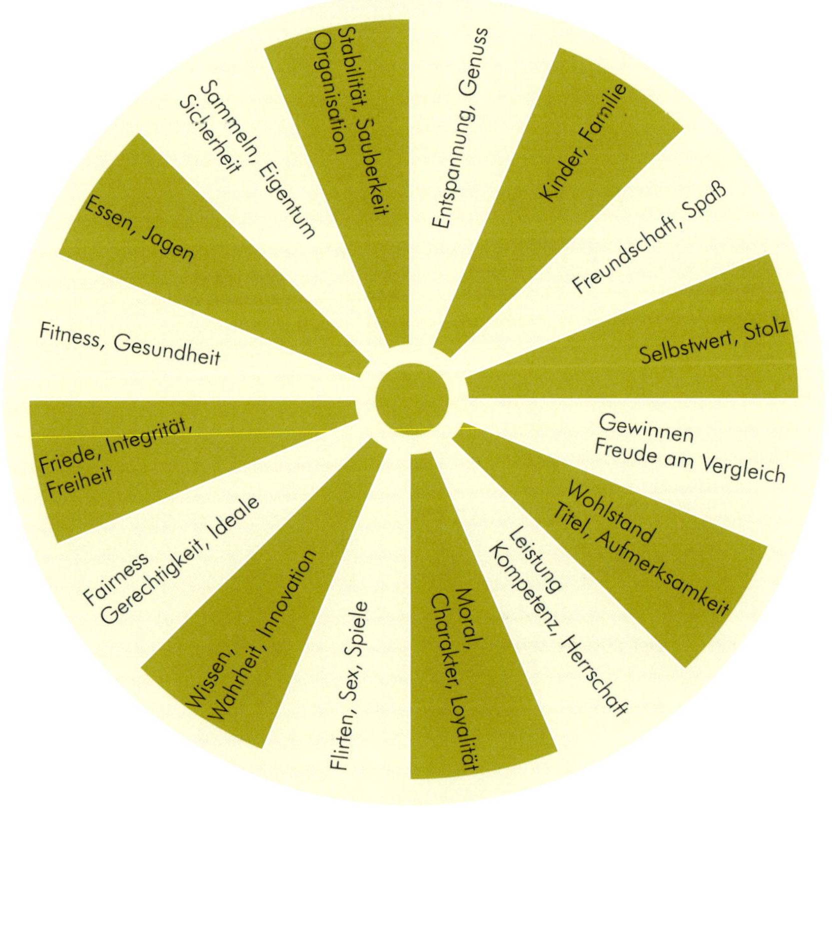

Übung:
- Mich motiviert besonders ... • ______________________

Beispiel: *Mich motiviert Sauberkeit, weil ich nur in einer aufgeräumten Wohnung entspannen kann.*

- Am wenigsten reizt mich ... • ______________________

Beispiel: *Besitz macht unfrei! Deshalb hat in meinem Leben die Anschaffung einer Immobilie nie eine Rolle gespielt.*

Diätplan Tag 13

Rezeptvorschlag: Frühstück	**Beispiel:**
Was ist Ihr persönlicher USP beim Sprechen?	*Ich bekomme oft das Feedback, ernste Themen humorvoll präsentieren zu können.*

Rezeptvorschlag: Mittagessen	**Beispiel:**
In welchem Redegenre sind Sie besonders gut und in welchen Situationen kommt Ihnen das zugute? Redekompetenz: • ____ • ____ • ____ von Vorteil bei: • ____ • ____ • ____	*Redekompetenz: Erklären* *von Vorteil bei: Einschulungen neuer Mitarbeiter*

Rezeptvorschlag: Abendessen	**Beispiel:**
Wie können Sie sich für drei konkrete Ziele selbst motivieren? Benennen Sie die Ziele und finden Sie Methoden, sich selbst zu ködern! Zieldefinition: • ____ • ____ • ____ Lockvogel: • ____ • ____ • ____ Selbstmotivation: • ____ • ____ • ____	*Ziel: öfter spazieren gehen* *Lockvogel: Sich mit Freunden in Ausflugslokalen verabreden.* *Selbstmotivation: Ich sammle auf dem Wanderweg zur Raststätte Zweige für die Wohnung.*

14. Tag
Die Waage zeigt Ihren Erfolg:

Sie wissen, welchen Wert Ihre Meinung für gutes Eigenmarketing hat

Der USP Ihrer Botschaft und Ihre Motivatoren sind Ihnen bewusst

Sie können Redegenres unterscheiden

Die Präsentation, 1. Teil: Der Appetitmacher

14. Kapitel
Nika Triebe

Der Monolog

Was dem Koch das Soufflee, ist dem Rhetoriker die Präsentation – die Königsdisziplin der Kommunikation. Im Zwiegespräch fühlen sich die meisten Menschen wohl. Doch sobald es darum geht, eine gewisse Zeitspanne vor Publikum zu sprechen, stellt sich bei vielen schon beim Gedanken daran Sodbrennen ein. Warum verlieren Menschen, die im Gespräch kaum Schwierigkeiten haben, im Monolog ihre Nerven und die rhetorische Kompetenz? Der Dialog ist mit dem Schachspiel vergleichbar. Während der andere zieht, haben wir Zeit, unsere weitere Taktik festzulegen. Durch Beobachtung lernen wir unseren Gesprächspartner einzuschätzen, es gelingt vielleicht sogar, ein paar Schritte vorauszudenken. Bei Präsentationen stellt sich rasch das Gefühl ein, dass es kein konkretes Gegenüber gibt. Die nonverbale Reaktion lässt sich nur noch schwer interpretieren.

Im „Buch der Listen", einer Ansammlung aller nur denkbaren Rangfolgen, ist auch eine Aufstellung über die größten Ängste der Menschen zu finden. Nach dieser Liste ist die Angst, vor Publikum zu sprechen, jene, von der die meisten Menschen betroffen sind. Sie rangiert sogar noch vor Höhenangst, Insekten- und Kriechtier-Phobie, Angst vor tiefem Wasser, vor Krankheit und Tod. Genaue Zahlen sind in einer Publikation der Speech Communication Association zu finden: 40,6 Prozent von 2.500 untersuchten Erwachsenen fürchten sich, vor einer Gruppe zu sprechen.

Wovor haben die Menschen konkret Angst?

- Wer vor Publikum spricht, wird messbar und setzt sich Kritik aus.
- Das Gesprochene scheint unwiderruflich.
- Man fürchtet, den eigenen Ansprüchen nicht zu genügen.

Übung: Gerade in exponierten Situationen machen Menschen die unterschiedlichsten Erfahrungen. Nehmen Sie sich fünf Minuten Zeit und lassen Sie Ihre Präsentations-Erlebnisse, Ängste und Vorstellungen Revue passieren. Selbsterkenntnis und Wahrnehmung unserer Verhaltensmuster sind Anstöße, um Veränderungen in die Wege zu leiten. Die folgenden Fragen unterstützen Sie dabei:

- Wie geht es mir, wenn ich erfahre, dass ich über ein neues Thema sprechen muss?
- Wie bereite ich meine Präsentation vor?
- Wie messe ich die Qualität meiner Vorbereitung?
- Ist Lampenfieber für mich etwas Positives oder leide ich darunter?
- In welchen Situationen merke ich Unsicherheit?
- Wie fühle ich mich nach meiner Präsentation?

Die vorbereiteten Power-Point-Folien hetzen durch die Präsentation, unsere Lippen bewegen sich wie von selbst, unsere Gedanken fahren Hochschaubahn: Was tue ich hier? Schläft der Typ in der dritten Reihe ganz außen? Was habe ich gerade gesagt? Warum grinst meine Lieblingsfeindin so zynisch? Was muss ich als Nächstes erzählen? Bitte, ich will hier raus! Der Atem wird flacher, die Stimme immer höher, das Schlucken fällt schwer. Ein Versprecher. Einfach ganz schnell sprechen, dann ist es bald vorbei. Ich langweile mich ja schon selbst, der darf ruhig schlafen in der dritten Reihe. Aber wenn er zu schnarchen beginnt, dann … Ich krieg keine Luft mehr! Jetzt zählt sie meine „Ähms", sie macht einen Strich pro Fülllaut und hat sicherlich schon eine ganze Seite voll mit kleinen, schwarzen Strichen. Hab ich Lippenstift auf den Zähnen? Gott sei Dank, ich bin endlich bei der Zusammenfassung! Das denken die da unten im Publikum sicher auch. Und darum … Vielen Dank für die Aufmerksamkeit!

Solche Albtraum-Szenarien müssen nicht sein. Diese sieben Regeln helfen:

1) Vergessen Sie sich!

Das Konzert ist nicht der Zeitpunkt, ein Instrument zu lernen und das Musikstück zu komponieren. Sie selbst sind das Instrument, der Inhalt des Vortrags Ihre Partitur. Wenn es einmal harmonisch klingt und wohlgestimmt, vergessen Sie es, zumindest während des Konzertes. Selbstverständlich hat nur langfristig Erfolg, wer kontinuierlich trainiert.

2) Das „Jetzt" ist ausschlaggebend!

Solange Sie sich in der Redesituation selbst zuschauen, vergeuden Sie Energie durch die Bewertung der eigenen Performance. Die Überlegung, was gerade gewesen ist, stellt einen Rückschritt dar. Genauso ist es kontraproduktiv, an das zu denken, was gleich kommen wird. Der Olympiasieger im Segeln, Hans Peter Steinlechner, hat vor wenigen Jahren in einem Interview gemeint: „Das Schwierigste ist, sich seine Fehler sofort zu verzeihen. Doch nur wer diese Disziplin aufbringt, schafft den Turn." Hier liegt auch der Schlüssel zum Erfolg der Rede! Ein Geheimnis des guten Redners ist „ganz im Jetzt zu sein", nur daran zu denken, was „Jetzt" zu sagen ist.

3) Bieten Sie nur das an, worauf auch Sie Appetit haben!

Wenn Sie nicht davon leben, Schlagzeilen in der Yellow Press zu machen und auch nicht zu den Top 100 VIPs zählen, können Sie getrost von der Prämisse ausgehen: Die Menschen sind hier, weil Sie vorrangig an Ihren Inhalten interessiert sind und erst in zweiter Linie an Ihrer Person. Also bereiten Sie Ihre Inhalte so spannend auf, dass Sie selbst auch gerne zuhören würden.

4) Auch der Monolog ist ein Dialog!

Selbst wenn das Auditorium während der Präsentation wenig Möglichkeit hat, direkt mit Ihnen in Dialog zu treten – je mehr Sie die Menschen einbeziehen, umso intensiver empfangen Sie nonverbale Signale. Das körpersprachliche Feedback, die interessierten Blicke oder der eine oder andere Schmunzler sind die emotionale Welle, die Sie trägt. Jeder Welle folgt ein Wellental, so sind auch kritische Blicke wichtig und ein Signal, auf das Sie inhaltlich eingehen sollten, z. B.: „Ich merke, hier ist ein Punkt, der noch näher erläutert gehört ... Gerne zeige ich Ihnen, wie wir zu diesem Ergebnis gekommen sind!"

5) Bleiben Sie sich treu!

Oft ist zu beobachten, dass Menschen ihre eigene Sprache verlieren, sobald sie ein Rednerpult vor sich haben. Geschraubte Formulierungen, Worthülsen und Schachtelsätze ersetzen Charme und Spontaneität. Viele haben offenbar ein durch die Medien geprägtes Bild internalisiert, wie man sich „richtig" vor Publikum präsentiert. Bald klingen sie alle wie unsere Politiker, die Hauptabend-Quotenqueen oder eine perfide Mischung daraus. „Wir müssen gemeinsam, an dieser Stelle, neue Visionen entwickeln, um so am Ende des Tages nachhaltige Ideen realisiert zu haben." Viele Worte, kein Inhalt.

6) Reden, nicht lesen!

Auch wenn es wirklich sehr verlockend ist den Text von der Projektionsfläche einfach abzulesen: Lassen Sie es! Wenn sich Ihre Leistung auf Vorlesen und Weiterklicken reduziert, zweifeln die Zuhörer zu Recht an der fachlichen Kompetenz des Vortragenden. Bereiten Sie die Formulierungen für Einstieg und Abschluss Ihrer Präsentation genau vor, das gibt Ihnen die nötige Sicherheit. Ersparen Sie sich und dem Publikum jedoch, den Text auswendig zu lernen.

7) Ihre Vorstellungen werden Wirklichkeit!

So wie Abfahrtsläufer vor dem großen Rennen im Geiste die Piste abfahren, ist es auch sinnvoll, die Situation des öffentlichen Sprechens zu visualisieren. Stellen Sie sich vor, wie der Raum gestaltet ist, wie die Menschen Sie ansehen. Sprechen Sie schwierige Passagen Ihrer Präsentation durch. Achten Sie darauf, dass Sie genauso sprechen, als ob Sie einen Menschen vis-à-vis hätten. Der Plauderton schafft Nähe. Machen Sie sich bewusst, wie Sie stehen und wie Ihre Handhaltung ist. Je konkreter Sie sich die Situation vorstellen, desto sicherer werden Sie sich während Ihrer Präsentation fühlen.

Die Kunst des Scheiterns

1) Bereiten Sie sich kaum oder gar nicht vor!
2) Stellen Sie keine Überlegungen an, wie der Raum, in dem Sie sprechen werden beschaffen ist. Verschwenden Sie keinen Gedanken daran, wer Ihr Publikum ist.
3) Bedenken Sie weder Einstieg noch Abschluss Ihres Vortrags.
4) Plaudern Sie bis zur letzen Minute vor Ihrem Auftritt mit anderen und trinken Sie noch einen Schluck Alkohol, um die Nerven zu beruhigen.
5) Machen Sie prinzipiell keine Stimmübungen!
6) Bevor Sie zu sprechen beginnen, pumpen Sie sich mit Luft voll.
7) Brechen Sie den Weltrekord im Schnellsprechen.

Übung: Formulieren Sie diese Regeln so um, dass Sie sieben Tipps gegen Lampenfieber erhalten. *(Lösung unter www.sprechen.com)*

1) ______________________
2) ______________________
3) ______________________
4) ______________________
5) ______________________
6) ______________________
7) ______________________

Für angenehme Erinnerungen muss man im Voraus sorgen!
Manche Menschen halten sich für begnadete Redner, sind aber reine Dampfplauderer. Andere bemühen sich redlich, können sich aber nicht verständlich machen. Jetzt gilt es dort rhetorische Muskelmasse aufzubauen, wo im Augenblick noch Fettpölsterchen sind. Auch hier steht am Anfang die Frage nach den Rahmenbedingungen und dem Zielpublikum.

Wie viel Redezeit haben Sie?	*Wer sind Ihre Vorredner?*	*Werden Sie vorgestellt?*
Wer ist das Publikum?	In welcher Sprache werden Sie sprechen?	
Wie viele Menschen werden voraussichtlich zuhören?		
Wie viele Frauen, wie viele Männer nehmen teil?	______ % Frauen ______ % Männer	
Wie ist die Altersstruktur?	Alter von ______ Jahren, bis ______ Jahren	
• Wie gut kennen Sie die Zuhörer?		
• Wie gut kennen die Zuhörer einander?		
• Warum interessiert Ihr Thema?		
• Wie viel Basiswissen können Sie voraussetzen?		
• Welche Meinungen werden in Bezug auf Ihr Thema vertreten sein?		
• Gibt es kritische oder sensible Aspekte?		
• Welche Erfahrungen teilen die Menschen im Publikum?		

Nun geht es darum, den passenden Titel für Ihre Präsentation zu finden. Hier einige Anregungen, wie Sie eine griffige Überschrift finden!

1) **Titeln Sie mit einer Zahl:**
   50 ways to leave your lover.
   17 Tätigkeiten, bei denen Sie sich lieber nicht erwischen lassen!

2) **Stellen Sie eine Frage:**
   Gekündigt – was nun?
   Chaos – die neue Ordnung?

3) **Arbeiten Sie mit Gegensätzen:**
   Wie der Frosch die Vogelperspektive kennen lernt.
   Sekundenlange Ewigkeit

4) **Verwenden Sie den Imperativ im Titel:**
   Let's talk!
   Arbeiten Sie sich krank!

5. **Führen Sie Themen zueinander, die scheinbar nichts mit einander zu tun haben:**
   Die Steuer-Oase
   Die Wachstums-Schraube

Geröstete Leber mit Mousse au chocolat?

Manche Dinge sollte man einfach nicht mischen, das gilt auch für den Vortrag. Die Dramaturgie muss schlüssig und nachvollziehbar bleiben, nach dem bewährten Schema.

Einstieg – Hauptteil – Schluss

Der Einstieg

Der erste Bissen muss einfach überzeugen. Die Einleitung entscheidet über Erfolg oder Misserfolg Ihres Vortrags. Schon in der Antike wurde der erste Schritt in der gelungenen Rede mit „Gewinnung des Wohlwollens" definiert. Ist Ihr Einstieg langweilig oder abgedroschen, wird dieser Eindruck Ihre gesamte Rede überschatten.

Das Vortragsgerüst

Einstieg

Begrüßung

ev. Eigenpräsentation (Warum sprechen gerade Sie zu diesem Thema?)

Gliederung (am besten in Form von Fragen)

entweder: Kausaler Ansatz
Status quo / Ziel / Weg …
oder:
3 Kernthesen → Argumentation

Kernaussage

Zukunftsszenario (Nutzen)

Verabschiedung

Appell

Die Sünden des Einstiegs:

„Vielen Dank, dass Sie so zahlreich erschienen sind!"
Das Publikum könnte denken: „Wieso zahlreich? Ich bin nur einmal erschienen."

Sie sagen: „Mein Thema heute ist …"
Das Publikum könnte denken: „Super, weiß ich eh schon!"
Sie sagen: „Es ist mir eine ganz besondere Ehre …"
Das Publikum könnte denken: „Puh, mühsam!"
Sie sagen: „Wie wir alle wissen …"
Das Publikum könnte denken: „Ich weiß gar nichts!"
Sie sagen: „Darf ich mich kurz vorstellen?"
Das Publikum könnte denken: „Nein!"

Diese Phrasen sind Floskeln, die maximale Langeweile aufkommen lassen.

Vermeiden Sie drei Kapitalfehler:

1) Beginnen Sie nie mit einer Entschuldigung!
Beispiel: *„Ich bin Redesituationen wie diese nicht gewöhnt, darum fasse ich mich kurz, um Ihre Nerven nicht zu strapazieren."*

2) Seien Sie freundlich, aber nicht devot!
Beispiel: *„Sehr verehrte Damen und Herren, es ist mir eine Ehre, heute vor Ihnen sprechen zu dürfen. Mit einem besonderen Anliegen darf ich mich an Sie wenden."*

3) Ratschen Sie die Agenda nicht herunter!
Beispiel: *„Im Punkt eins zeige ich die augenblickliche Situation auf. Dann folgt die Zielformulierung. Die Strategie und die Taktik werden erklärt."*

Besser: „Auf drei wesentliche Fragen werde ich heute näher eingehen.
- Was waren die ausschlaggebenden Faktoren für die Restrukturierung?
- Welche Möglichkeiten ergeben sich dadurch für unsere Zukunft?
- Wie sieht der Plan für das kommende Geschäftsjahr aus?"

Drei Beispiele für einen guten Einstieg:

1) Der „Wussten Sie schon, dass ..."-Einstieg

Ihre Rede weckt Interesse, wenn Sie an den Anfang eine Neuigkeit – lebendig vorgetragen – stellen, z. B.: „Die neueste Ausgabe des Wochenmagazins XY titelt mit ... Das zeigt uns, wie aktuell unser heutiges Thema ist!"

2) Der induktive Ansatz (vom Besonderen zum Allgemeinen)

Aufbau	Beispiel
• Fakten oder • Beispiel oder • Bilder	*„Guten Abend meine Damen und Herren! Viele Menschen empfinden Spinnen als ekelig. Injektionen sind auch nicht unbedingt jedermanns Sache. In der Hitliste der schlimmsten Ängste jedoch rangiert die Redeangst auf Platz eins."*
gemeinsames Interesse des Zielpublikums	*„Sie sind heute Abend hierher gekommen. Das zeigt mir, dass Sie wissen wollen, wie Sie der Stressfalle beim Sprechen entkommen können."*
Begrüßung	*„Für Ihr Interesse, sag ich herzlichen Dank und willkommen!"*
Selbstvorstellung: Ihr Name, Ihr Fachgebiet, der Blickpunkt, aus dem Sie das Thema betrachten.	*„Mein Name ist ..."*

3. Der chronologische Einstieg

Aufbau	Beispiel
Vergangenheit	*„Die ersten rhetorischen Gehversuche haben wir alle bereits in der Schule gemacht. Bei mündlichen Prüfungen, Referaten oder vielleicht sogar als Schulsprecher."*
Gegenwart	*„Jetzt sitzen Sie ganz entspannt und erwarten sich Tipps, wie Sie Ihre Rhetorik verbessern können."*
unmittelbare Zukunft	*„Spätestens in einer halben Stunde werden Sie erkannt haben, dass Ratschläge fein sind, doch der Weg von der Fähigkeit zu Fertigkeit lang. Wir alle können reden – doch die wenigsten sprechen."*

Eine gute Einleitung dauert ungefähr eine Minute. Verlassen Sie sich nicht darauf, dass Ihnen die richtige Formulierung spontan einfällt. Bereiten Sie den Einstieg in Ihre Rede genau vor, denn wer den Anfang vermasselt, bekommt nur selten eine zweite Chance. Haben Sie diese Passage einige Male geübt, lässt Ihnen das mehr Freiraum, sich auf Ihr Publikum einzustellen.

Bevor Sie zu sprechen beginnen, sollten Sie:

Tipp:
- Dynamisch und in aufrechter Haltung zum Pult gehen.
- In aller Ruhe Ihre geordneten Unterlagen bereitlegen.
- Kontrollieren, ob Sie richtig stehen.
- Das Publikum freundlich ansehen.
- Ausatmen … und los geht's!

Diätplan Tag 14

Rezeptvorschlag: Frühstück

Ihre beste Freundin heiratet. Sie sollen die Hochzeitsrede halten! Analysieren Sie das Zielpublikum mit Hilfe der Tabelle. Sammeln Sie Ideen, was Sie im Rahmen dieser Festansprache sagen könnten.

- ____________________
- ____________________
- ____________________

Rezeptvorschlag: Mittagessen

Suchen Sie einen humorvollen Titel für Ihre Rede!

- ____________________
- ____________________
- ____________________

Rezeptvorschlag: Abendessen

Gestalten Sie einen Einstieg, der Ihnen die Symphatie und das Interesse der Hochzeitsgäste sichert.

- ____________________
- ____________________
- ____________________

15. Tag
Die Waage zeigt Ihren Erfolg:

Lampenfieber blockiert Sie nicht mehr

Es fällt Ihnen leicht, den richtigen Titel für Ihre Präsentation zu finden

Sie haben den gelungenen Einstieg in die Rede geübt

Wie viel können Sie schlucken?

15. Kapitel
Tatjana Lackner

Bestimmt gibt es viele Dinge, die Sie auf die Palme bringen. In rhetorischen Stress-Situationen eine gute Figur zu machen, gelingt nur, wenn wir wissen, was genau uns nervt. Konfliktmunition sammelt sich im Zuge unseres Lebens genug an. Eltern liefern guten Zündstoff. In manchen Eltern-Kind-Beziehungen dauert es Jahre, bis Reizthemen abgearbeitet sind. Besonders bei Entscheidungen, die unsere eigene Lebensführung betreffen, erteilen manche Eltern untergriffige Ratschläge. Wenn es aufgrund dieser „gut gemeinten" Tipps und Warnungen zum Konflikt kommt, entsteht ein neues familiäres Reizthema.

Früher hab ich das geschluckt ...
Wie respektvoll wurden Sie in Ihrer Herkunftsfamilie bei Themen Ihrer Lebensplanung behandelt? Klassische Konfliktthemen mit den Eltern oder anderen Erziehunsgspersonen können sein:

- Freundeskreis
- Berufswahl, Ausbildung, Zukunftschance der Branche
- Auto
- Geld, Verdienst, Investitionen
- Partnerwahl
- Eheschließung und Familienplanung
- Kindererziehung, Kinderpflege
- Politik, Werte, Ideale
- Urlaubsplanung

Sie haben großes Glück, wenn Sie nie bevormundet wurden und Ihre Eltern Ihnen auch heute mit liebevollem Respekt statt mit immer neuen Ratschlägen begegnen. Tatsache ist jedoch, dass es in fast jeder Familie jemanden gibt, dessen polemischer Gesprächsstil schwer zu ertragen ist. Es gibt genügend Kontrollfreaks unter Müttern und Vätern, die unter dem Vorwand „es nur gut zu meinen" verbale Entgleisungen am laufenden Band produzieren. Dabei wollten sie „ja bloß ihre Meinung sagen"!
Die schlimmsten Dinge auf dieser Welt sind passiert, weil irgendjemand etwas „gut gemeint hat"! Eltern glauben uns gut zu kennen, was bis zu einem bestimmten Zeitpunkt unserer Entwicklung auch stimmt: solange wir nämlich unter deren Kontrolle stehen. Viele Eltern haben sich später nicht mehr die Mühe gemacht, das erwachsen gewordene Kind und sein Leben kennen zu lernen. Nicht selten kennen die eigenen Eltern ihre erwachsenen Kinder schlechter als so mancher Arbeitskollege. Manche unserer Kunden haben die leidvolle Erfahrung gemacht, dass sie nach Jahren der Auseinandersetzung mit den Eltern dann dem despektierlichen Gesprächsstil der Schwiegereltern ausgeliefert sind. Auch einige Schwiegereltern

glauben, vieles besser zu wissen und arbeiten nicht selten mit massiven Attacken gegen das Schwiegerkind. Gefühlskälte oder demonstratives Schweigen sind ebenfalls beliebte Mittel, um emotionalen Druck auszuüben. Wenn das Schwiegerkind versucht, Grenzen zu ziehen, begeben sich die Schwiegereltern in die beleidigte Wurstabteilung und bocken.

Wer geht, verliert Chancen!

Wer während eines Konflikts das Gespräch verweigert, hat offenbar das Interesse an der Klärung verloren. Konfliktparteien, die sich die Mühe machen zu schlichten und aktiv an einer Lösung arbeiten, behalten das Stimm- und Gestaltungsrecht.

Wer schreit, hat Unrecht!:

Wer es nötig hat, seine Stimme zu erheben, hat zu wenig überzeugende Argumente und muss akustisch nachhelfen. Undisziplinierte Konfliktpartner rechtfertigen Gebrüll stets mit ihrem hitzigen Gemüt und temperamentvollem Wesen. In Wahrheit sehen Schreihälse ihr Ego bedroht. Es wird Zeit, dass wir uns rhetorisch rüsten – und das funktioniert nur, wenn wir unser Verhalten in Streitsituationen analysieren.

Wie gut kennen Sie sich selbst?

Niemand schätzt Bevormundung, possessives Verhalten, Anschuldigungen oder Beschimpfungen, doch jeder reagiert auf verbale Untergriffe anders. Während sich der eine verletzt und gekränkt zurückzieht, geht der andere aggressiv in die Offensive. Wie reagieren Sie, was hat sich an Ihrem Verhalten im Vergleich zu früher geändert?

- Sagen Sie heute Ihre Meinung klar und deutlich?
- Sagen Sie auch in Stress-Situationen, was Sie stört und setzen Sie klare Grenzen?
- Ist Ihre Reaktion auf unfaires Verhalten gelassener geworden?

Die Antworten auf diese Fragen sind wesentlich, denn souverän ist nur, wer sympathisch bleibt. Wodurch verspielen Sie Ihre Sympathiepunkte?

- arroganter Gesichtsausdruck
- Flucht in die „Opferrolle"
- polemische Sätze
- Heulen, Schreien, Schimpfworte und Beleidigung
- Angriffe auf den Selbstwert des anderen
- Teilnahmslosigkeit und Gleichgültigkeit
- erhobene Stimme und Drohgebärden
- emotionale Erpressung

Ihre Reaktionsbilanz:	Früher hab ich ...	Heute würde ich ...	Welche Reaktion ist sympathischer?
• Ich werde angeschrien. • Mir wird gedroht. • Ich werde beleidigt. • Ich werde belogen. • Ich werde gemaßregelt. • Es wird intrigiert. • Man versucht, mich zu manipulieren. • Meine Liebsten werden beschimpft. • Ich werde emotional erpresst. • Ich werde angefasst.			

Wer seine Sympathiewerte aufs Spiel setzt, kommt schneller in die **Schachmatt-** oder **Pattfalle**. Beide Begriffe kennen wir vom Schachspiel. Sie könnten aber auch aus der Rhetorik-Antike stammen. Was im Schach der König, ist in der Rhetorik unser Selbstwert:

Schachmatt

Ziel ist, das gegnerische Selbstwertgefühl (den König) schachmatt zu setzen. Kann der Selbstwert nicht gerettet werden, ist das Spiel beendet und der Konflikt beginnt. Intrigen, Vorwürfe und Killerphrasen setzen uns außer Gefecht. Wie schützt man jedoch den Selbstwert, damit der Gesprächspartner uns nicht matt setzt? Nur wer sich um Streitkultur bemüht, wird besser werden. Wie beim Schachspiel lernt man durch Konfliktsituationen, eigene Spielzüge zu überdenken. Folgende Fragen sollten Sie sich in rhetorisch brenzligen Lagen überlegen:

- Ist mir das Thema überhaupt einen Streit wert?
- Welche Argumente wird die Gegenseite einsetzen?
- Wann und wie muss ich den anderen verbal in seine Schranken weisen?
- Wer könnte mir als Koalitionspartner hilfreich sein?
- Womit kann ich die Gegenseite verblüffen?
- Was muss ich tun, um sympathisch zu bleiben?

Patt:

Das Spiel endet unentschieden. Der Selbstwert ist zwar nicht bedroht, aber der Spieler, der am Zug ist, kann nicht mehr ziehen. Man spricht dann von einer Pattsituation und auch in diesem Falle ist die Spielpartie sofort beendet. Unbehagen macht sich breit. Es ist vielleicht 2 Uhr morgens, das Gespräch genauso ergebnislos, wie um 20 Uhr am Abend zuvor. Unbefriedigend für beide Gesprächspartner. Das Resultat: Sie fühlen sich kraftlos und haben die Chance auf einen reinigenden Streit verspielt.

Typische „Patt-Äußerungen":

- „Jeder hat halt eine andere Meinung."
  (Wie langweilig – und welche Meinung haben Sie?)

- „Der goldene Mittelweg ist immer der beste."
  (So? Und wie wäre der beim Thema: Abtreibung, Todesstrafe, Euthanasie ...?)

- „Meine Großmutter hat schon gesagt: Jeder soll machen, was er für richtig hält." (Da war sie uns aber hilfreich, die Omi!)

- „So war ich immer, so bleib ich und du wirst mich auch nicht mehr ändern!" (Schade, der Entwicklungsprozess ist also schon in der Kindheit stecken geblieben – das war´s dann, ja?!)

... heute kann ich paradox intervenieren!

Wenn ein Konfliktthema ausgereizt ist und von allen Seiten beleuchtet wurde, ohne dass eine Einigung zustande kam, landen Sie mit paradoxer Intervention einen Treffer! In angespannten Gesprächssituationen kann es helfen, kurzfristig das Gegenteil vom Erwarteten vorzuschlagen. Wenn Sie dem Anliegen des anderen witzig und unpolemisch nachgeben, kann es sein, dass sich ein Kompromiss früher einstellt als erwartet. Wenn Sie nur Ihre eigenen Argumente vortragen, lässt die Aufmerksamkeit Ihres Vis-à-vis eher nach.

Einige paradoxe Sprüche als Beispiel:

- Bei jeder Streitfrage gibt es zwei Standpunkte: meinen und den falschen.
- Eines Tages wacht man auf und stellt fest, dass man tot ist.
- Tod allen Fanatikern!
- Arrogante Menschen sind unter meinem Niveau.
- Ich bin nicht abergläubisch. Das bringt nur Unglück.

Humor ist eine gute Waffe im Kampf um Sympathiepunkte. Was ist paradox? Wenn der Sopran bass erstaunt ist, dass der Tenor alt aussieht. Wer zeigt, dass er trotz heikler Gesprächslage noch immer genug Spielraum für Reflexion und Ironie hat, ist souverän und wirkt dadurch gelassener.

Was schlägt Ihnen auf den Magen?

Es gibt Dinge, die uns Menschen nicht bekommen: giftige Pilze, bestimmte Beeren und Pflanzen, Verdorbenes ... Derbheiten, die uns Übelkeit verursachen. Manchmal braucht man auch einen guten Magen, um verbale Übergriffe und feindselige Botschaften zu verdauen. Stress im Bauch vermeiden Sie, indem Sie Gespräche reflektieren und Killerphrasen analysieren.

Woran erkennen Sie Killerphrasen?

Killerphrasen zielen auf die Person und nicht auf die Sache. Der Status des Gegenübers soll ohne konkrete Argumente geschwächt werden. Killerphrasen ersticken neue Ideen und belasten das Gesprächsklima. Ein Imagekratzer ist die unangenehme Folge, wenn Killerphrasen coram publico sprachlos machen.

Wie wirken Killerphrasen?

- pauschalierend
- provokant
- gemein
- abwertend
- beschuldigend
- beleidigend
- blockierend
- verurteilend
- polarisierend

Im Fadenkreuz der Killerrhetorik

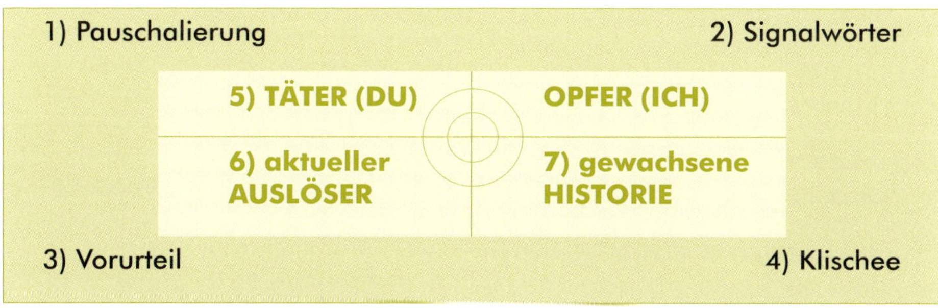

Woraus bestehen Killerphrasen?

Für Killerphrasen gibt es kein klar umrissenes Rezept. Meistens vermengen sich dabei mehrere Ingredienzien, das macht es schwer, die Attacke eindeutig zu analysieren. Diese sieben Bestandteile sind jedoch auffallend häufig:

1) **Pauschalierung:**
Menschengruppen werden mit Eigenschaften bedacht:

„Alle Amerikaner essen Ketchup."
„Keiner in der Firma kann den neuen Vorstand leiden."
„Jeder Elvis-Fan hat eine Tolle."

Ein Vorwurf wird generalisiert:
„Typisch du!"
„Nie kommst du pünktlich!"
„Immer musst du das letzte Wort haben!"

2) **Signalworte:**
Bestimmte Worte verraten die Killerphrase, zum Beispiel: *inkompetent, übersensibel, rassistisch, talentfrei, konfliktscheu, politisch unkorrekt …*

3) **Klischees:**
Klischees vereinheitlichen das Verhalten einzelner Menschen und lähmen persönliche Entfaltungsmöglichkeiten. Doch Menschen brauchen Klischees. Sie helfen, sich in einer pluralistischen Welt schneller zurechtzufinden. Sie sind allgemeine Aussagen und beleidigen niemanden persönlich.

„Japaner lieben es zu fotografieren."
„Hippies tragen die Haare lang."
„Wien hat ein inniges Verhältnis zum Tod."

4) **Vorurteile:**
Vorurteile sind verbale Gewalttätigkeiten! Sie entstehen durch mangelnde Bildung und einzelne schlechte Erfahrungen und werden nicht unbedingt von der Gesellschaft nachempfunden.

„Afrikaner sind Drogenhändler."
„Blondinen sind dumm."
„Frauen sind die schlechteren Autofahrer."
„Dicke sind faul."

5) **Täter- und Opferzuweisung:**
Natürlich sind wir alle nicht nur Opfer, sondern auch Täter im Bezug auf Killerphrasen. Wichtig ist, sich in der jeweiligen Situation bewusst zu machen, ob man in die Opferrolle schlüpft oder gerade zum Täter gemacht wird. Diese Schuldzuweisungen sind mitunter klar erkennbar:

„Jedes Jahr entscheidest du, wohin wir auf Urlaub fahren!" (Täterzuweisung)
„Wer rennt denn gleich zum Arzt, wenn ihm etwas weh tut?" (Täterzuweisung)

„Ich kann immer alleine zu Hause sitzen, wenn du unterwegs bist."
(Opferrolle und Täterzuweisung)
„Woher soll ich wissen, dass mein Anruf gerade unpassend ist?" (Opferrolle)

6) **Auslöser:**
Killerphrasen entstehen aus dem Moment. Grund dafür ist meistens ein aktueller Auslöser.

„Na, das konnte ja wieder mal nur dir passieren."
„Ein Stoppschild! Halt! Sag, fährst du immer so unkonzentriert?"
„Können Männer Türen nur zuknallen oder auch mal einfach schließen?"

7) **Historie:**
Ein anderer wichtiger Aspekt ist, in welcher Beziehung die Gesprächspartner zu einander stehen. Gibt es eine gewachsene Geschichte zwischen den beiden? Durch diese gemeinsame Historie beziehen sich Vorwürfe oft auf längst vergangene Konflikte.

„Jeden Tag verlierst du etwas. Heute ist es zur Abwechslung der Schlüssel."
„Du hast ja schon am Abend unserer Hochzeit ferngesehen. Und nicht wieder damit aufgehört!"
„Das hab ich dir schon hundertmal erklärt!"

Was ist die beste Medizin gegen verbale Angriffe?

Manche Schlagfertigkeits-Seminare rühmen sich, den Teilnehmern zu vermitteln, verbal möglichst grob zurückzuschlagen und so die Lacher kurzfristig auf der eigenen Seite zu haben. Wir halten das für falsch. Deeskalation (Abschwächung) ist die Devise, nicht Öl ins Konfliktfeuer gießen. Was hat man schließlich davon, wenn man vor der versammelten Kollegenschaft lustig und spontan den Chef verbal demaskiert, dafür ab Montag auf dem Arbeitsamt allein witzig sein kann. Ziel ist es, durch die Entschärfung der Killerphrase dafür zu sorgen, dass es weder Gewinner noch Verlierer gibt. Der Gesichtsverlust des anderen ist nur kurzfristig ein persönlicher Sieg für Sie. Seine Reaktion wird nicht lange auf sich warten lassen und das Statusspiel beginnt von neuem. Es macht für uns Rhetoriker keinen Sinn, den Menschen möglichst effizient beizubringen, respektlos und grob miteinander umzugehen, damit die Mediatoren später an ungelösten Konflikten Geld verdienen. Wir stellen Ihnen drei gute Kontermöglichkeiten vor, die das Gegenüber zwingen, Stellung zu beziehen. So geben Sie den Ball zurück an den Absender.

- **Entlarven Sie Gemeinheiten und finden Sie Gegenfragen!**
  Diese müssen so präzise formuliert sein, dass dem Vis-à-vis wenig Spielraum für die Beantwortung bleibt. Oft sind „W"-Fragen hilfreich (wie, warum, woher, was ...). Lesen Sie die Liste der Top-Ten Killerphrasen durch und finden Sie im Anschluss eigene Lösungen!

Die Top-Ten Killerphrasen:	Hilfreiche Gegenfragen:
1) *Viel zu teuer!*	*1) Wie viel sind Sie bereit auszugeben?* *2) Wo ist Ihre Budgetgrenze?* *3) Zu teuer? In Relation wozu?*
2) *Dafür fehlt uns jetzt die Zeit!*	*1) Was muss passieren, damit Sie sich dafür Zeit nehmen?* *2) Wann ist ein besserer Zeitpunkt?* *3) Fehlt die Zeit oder ist es Ihnen nicht wichtig?*
3) *Das mag zwar theoretisch stimmen, aber praktisch ...*	*1) Wo sehen Sie den Bruch zwischen Theorie und Praxis?* *2) Was lässt sich Ihrer Meinung nach nicht umsetzen?* *3) Wo befürchten Sie die Unvereinbarkeit?*
4) *Das hat sich doch bewährt, warum sollten wir etwas ändern?*	*1) Was genau hat sich bewährt?* *2) Was spricht dagegen, eine Alternative zu probieren?* *3) Ist eine Änderung erst sinnvoll, wenn man scheitert?*
5) *Typisch Mann/Frau!*	*1) Was an mir als Frau/Mann ist dabei typisch?* *2) Ist „Typisch Mann/Frau" heute nicht schon veraltet?* *3) Ist das nicht sehr verallgemeinernd?*
6) *Das können Sie schwarz auf weiß nachlesen!*	*1) Wo?* *2) Wie aktuell ist die Quelle?* *3) Ist es deshalb wahr?*
7) *Das haben schon klügere Köpfe nicht lösen können!*	*1) Wer zum Beispiel?* *2) Sind nicht die dumm, die es gar nicht erst versuchen?* *3) Was empfehlen Sie daher?*
8) *Das geht uns nichts an!*	*1) Warum nicht?* *2) Was müsste noch passieren, damit wir handeln?* *3) Sollen wir wegschauen – warum möchtest du dich hier nicht involvieren?*
9) *Dazu gibt es doch längst eine Gegenthese!*	*1) Welche?* *2) Seit wann?* *3) Entkräftet eine neue Sichtweise die Wahrheit?*
10) *Das ist mir egal.*	*1) Warum?* *2) Ist Gleichgültigkeit hier nicht gefährlich?* *3) Wenn wir jetzt nicht handeln, wie sehen dann die Konsequenzen aus?*

Übung:

Killerphrasen:	**Formulieren Sie Gegenfragen:**
Das ist doch lächerlich!	• • •
Da fehlt Ihnen wohl die Erfahrung.	• • •
Sei doch nicht so empfindlich!	• • •
Das ist eine sehr verkürzte Sicht der Dinge.	• • •

- **Testen Sie die Kontertechnik**
  Fragen Sie nach dem Gegenteil, wenn man Sie mit einem Vorwurf konfrontiert. Die an Sie gerichtete untergriffige oder pauschalierende Kritik hat auch eine Kehrseite. Fragen Sie danach! Es geht bei dieser Kontertechnik nicht darum, berechtigte Vorwürfe schön zu reden oder zu ignorieren, sondern sich gegen verbale Untergriffe zu wehren. Ihre Konterformel: **Wäre Ihnen … lieber?**

Beispiel:

Vorwurf:	**Frage nach dem Gegenteil:**
„Du bist wie immer zu spät."	*„Wäre dir ein toter Mann lieber?"*
„Sie texten ja sehr plakativ."	*„Wollen Sie einen Philosophen in Ihrer Abteilung?"*
„Du benimmst dich wie eine Diva."	*„Würdest du ein Mauerblümchen bevorzugen?"*

- **Versuchen Sie die Selbstvorwurf-Technik!**
  Jemand konfrontiert Sie mit einer Pauschalverurteilung. Wenn Sie sich selbst angreifen, nehmen Sie Ihrem Gegenüber den Wind aus den Segeln. Diese Technik eignet sich bei jenen, die in der Hierarchie über Ihnen stehen (Lehrer, Vorgesetzte, Polizisten …). Zum Beispiel: **Glauben Sie, ich bin gerne …?**

Beispiel:

Vorwurf:	**Rückfrage:**
„Ich hatte dich früher erwartet!"	*„Glaubst du, ich bin gerne im Stau gestanden?"*
„Ihre Kinder sollten mal lernen!"	*„Meinen Sie, mir machen die Fünfer keine Sorgen?"*
„Sind Sie schwer von Begriff?"	*„Denken Sie, ich missverstehe Sie absichtlich?"*

Was steckt hinter der Killerphrase?

Manche Killerphrasen sind verbalisierte Andeutungen oder Unterstellungen. Hier ist die Unterscheidung zwischen Subtext und Text besonders wichtig. Diese Begriffe werden vor allem am Theater verwendet:

Text
„Was sagt der andere?"

Subtext
„Was meint der andere?"

Der **Text** beschreibt, was jemand **sagt:** *„Du machst eine Redediät?"*
Im **Subtext** steckt, was jemand **meint:**

- *„Du solltest lieber tatsächlich ein paar Kilo abspecken!"*
- *„Fällt dir endlich selber auf, dass du zu viel redest?"*
- *„Was liest du nur für Bücher?"*
- *„Ich kenne kaum einen einsilbigeren Menschen. Was also soll eine Redediät?"*
- *„Ich weiß mittlerweile gar nichts mehr von dir. Früher haben wir Bücher noch gemeinsam gelesen."*

Übung: Finden Sie mindestens drei mögliche Subtextbotschaften, die sich hinter der einfachen Textzeile verstecken könnten! Viele Varianten sind denkbar.

Text	Subtextvarianten
„Kannst du das Fenster öffnen?"	• • •
„Sollen wir wieder mal Sporturlaub machen?"	• • •
„Möchtest du wieder zu arbeiten beginnen, bevor der Kleine in den Kindergarten kommt?"	• • •

Selten stimmt der Text mit dem Subtext überein. Haben Sie den Verdacht, dass hinter einer Killerphrase eine Anschuldigung steckt, dann fragen Sie nach!

Beispiel:

Text	**Subtext: Frage nach versteckter Anschuldigung**
„Na, schon fertig für heute?"	*„Finden Sie, ich arbeite nicht genug?"*
„Noch immer habe ich keine Enkel!"	*„Hast du Angst, dass ich keinen Mann mehr finde?"*
„Ihr gebt zu viel Geld aus!"	*„Sorgst du dich um den Kontostand oder die Moral?"*

Diätplan Tag 15

Rezeptvorschlag: Frühstück	**Beispiel:**
Nicht alle Beleidigungen treffen ins Schwarze. Auf welche reagieren Sie mit Sodbrennen? • ____ • ____ • ____	*Blöde Kuh, fade Urschel, Prolet, Tussi, Langweiler, Macho*

Rezeptvorschlag: Mittagessen	**Beispiel:**
Welche Killerphrasen machen Sie sprachlos? Formulieren Sie Gegenfragen! **Die Killerphrase:** Woher willst du das wissen? **Der Phrasenkiller:** ____ **Die Killerphrase:** Na, du musst Geld haben! **Der Phrasenkiller:** ____ **Die Killerphrase:** Immer diese Single-Frauen! **Der Phrasenkiller:** ____ **Die Killerphrase:** Bist du schon wieder beleidigt? **Der Phrasenkiller:** ____ **Die Killerphrase:** Du bist aber wehleidig! **Der Phrasenkiller:** ____	*„Dafür haben wir keine Zeit!"* *Was muss passieren, damit Sie sich Zeit nehmen?* *„Das ist doch kein Argument!"* *Was ist daran nicht zulässig?* *„Na, da merkt man mal wieder deine Prioritätensetzung!"* *Was wirfst du mir konkret vor?*

Rezeptvorschlag: Abendessen	**Beispiel:**
Für welche Killerphrasen sind Sie bekannt? Sie sind nicht nur Opfer, sondern auch Täter! Machen Sie sich Ihre Kommunikationskiller bewusst oder befragen Sie Ihr Umfeld! In der Familie: ____ Im Freundeskreis: ____ Im Job: ____	*„Wehe, du kommst wieder zu spät!"* *„Das sagst ausgerechnet du?"* *„Du lässt mich ja nie zu Wort kommen."* *Immer wenn man jemanden braucht, ist niemand da!"*

16. Tag
Die Waage zeigt Ihren Erfolg:

Paradoxe Intervention ist Ihnen vertraut

Sie erkennen Killerphrasen und können kontern

Sie beherrschen Techniken, um das Gespräch zu deeskalieren

Präsentation II: Das Hauptgericht

16. Kapitel
Nika Triebe

Anfang und Schluss einer Präsentation oder Rede sind wie die Beilagen zu einem Festessen. Jetzt wenden wir uns dem Kernstück der Mahlzeit zu. Die erste Frage, die Sie sich in diesem Zusammenhang stellen sollten, lautet: Welches Ziel verfolge ich mit meiner Präsentation?

Wollen Sie:

- Interesse wecken und motivieren,
- Entscheidungshilfen anbieten,
- Wissen vermitteln,
- Ihre Meinung überzeugend darlegen,
- unangenehme Entscheidungen kommunizieren?

Abhängig vom Redeanlass und dem Ziel Ihres Vortrags, gibt es verschiedene Möglichkeiten, den Hauptteil zu strukturieren. Die Praxis zeigt, dass die meisten Themen mit nur zwei Grundstrukturen optimal bestritten werden können.

1. Die Pocket-Rhetorik

Die Pocket-Rhetorik ist ein wunderbares Instrument, um eine Vorgehensweise oder einen Ablauf darzustellen. Mit diesem Werkzeug werden Sie das Publikum relativ einfach dazu motivieren, mit Ihnen gemeinsam an einem Strang zu ziehen. Ob Kurzstatement oder halbstündige Präsentation, durch die Struktur der Pocket-Rhetorik behalten Sie den roten Faden während des Vortrags stets in der Hand.

Daumen = Status quo:
Nach der Begrüßung und der Einleitung beschreiben Sie die augenblickliche Situation. Analysieren Sie in kurzen Worten, wodurch die momentane Lage entstanden ist. Stellen Sie dar, was positiv zu beurteilen ist. Machen Sie vor allem darauf aufmerksam, in welchen Bereichen Veränderungen dringend notwendig sind. Dadurch nimmt der Zuhörer deutlich wahr, wo Handlungsbedarf besteht; die Bereitschaft, etwas zu verändern, steigt. Geben Sie Aufschluss über die Rahmenbedingungen und zeigen Sie auch die negativen Konsequenzen auf. Was passiert, wenn der Status quo beibehalten wird und keine Veränderung erfolgt?

Zeigefinger = Ziel:
Beschreiben Sie das konkrete Ziel! Wie ein Ziel ideal formuliert ist, haben Sie bereits erfahren. Häufig wird das Ziel mit dem Nutzen verwechselt. Heben Sie sich die Vorteile noch auf. Sie verschießen rhetorisches Pulver, wenn Sie zu früh den Nutzen erklären!

Mittelfinger = Weg:
Im nächsten Schritt zeigen Sie die Maßnahmen auf, die notwendig sind, um das gewünschte Ergebnis zu erreichen. Antworten Sie auf folgende Fragen:

- Wer kann uns bei der Verwirklichung des Ziels unterstützen?
- Mit welchen Mitteln wird das Ziel realisiert?
- Wie schaut der konkrete Ablauf aus?

Jetzt ist auch der richtige Zeitpunkt, um darzustellen, wo Fallgruben und Stolpersteine lauern könnten.

Ringfinger = Nutzen:
Die Pocket-Rhetorik ist eine Struktur, die Sie dabei unterstützt, andere Menschen zu motivieren. Darum schildern Sie jetzt, welchen speziellen Nutzen das angestrebte Ziel und die von Ihnen präsentierte Lösung für Ihre Zuhörer haben. Stellen Sie dar, wie sich die Situation kurz-, mittel- und langfristig positiv verändert.

Kleiner Finger = Appell:
Wer einmal in Bewegung ist, verfügt über einigen Schwung! Selbstverständlich nur unter der Voraussetzung, dass die Etappen, die zum Ziel führen, erreichbar und die Ergebnisse lohnend sind. Beschreiben Sie am Ende Ihrer Rede den ersten, leicht durchzuführenden Schritt. Wichtig ist, den Appell konkret zu formulieren. Dadurch wissen Ihre Zuhörer sofort, was nun zu tun ist. Stellen Sie auch dar, was Sie selbst in der Zwischenzeit in die Wege leiten. Durch diese Parallel-Aktion steigt die Chance beträchtlich, das gemeinsame Ziel zu realisieren!

Beispiel: *Das Thema „Lach dich schlank!"*

Status quo: Schokolade zum Frühstück? Niemals! Die meisten Frauen in der westlichen Welt halten sich für zu dick. Auslöser für Frustfressen und Kummerspeck ist oft Stress. Doch jetzt ist Schluss mit hungern und schwitzen, nur um ein paar lästige Kilos loszuwerden.

Ziel: Herzhaftes Lachen soll bereits in wenigen Wochen überflüssiges Fett zum Schmelzen bringen.

Weg: Die Idee dahinter ist bestechend simpel: Stress und schlechte Laune werden einfach weggelacht. Der tröstende Griff zu Schokolade und Chips wird somit überflüssig, die Pölsterchen schmelzen. Lachen aktiviert im Organismus eine Fülle von biochemischen Prozessen, die Körper und Psyche positiv beeinflussen. Mit einem kurzen Ha-Ha über einen Witz ist es allerdings nicht getan. Erst intensives, wiederholtes Lachen wirkt.

Nutzen: Zweierlei spricht für diese kuriose Methode: Im Gegensatz zu einseitiger Diät ist sie sicher nicht gesundheitsschädlich. Und selbst wenn der Speck kaum schwindet, nimmt man es mit Humor.

Appell: Starten wir am besten sofort mit der neuen Diät, indem wir gemeinsam herzhaft über uns selbst lachen!

2. Die Drei-Säulen-Struktur

Geht es darum Entscheidungshilfen anzubieten oder andere von Ihrer Meinung zu überzeugen, ist es sinnvoll, drei Kernaussagen festzulegen. Diese Thesen stellen die Grundlage für Ihre Argumentation innerhalb des Vortrags dar. Sie sind kurz und präzise formuliert und so für das Publikum leicht merkbar. Ordnen Sie Ihre Thesen nach dem bewährten Muster:

Beispiel: *Das Thema „Lach dich schlank!"*

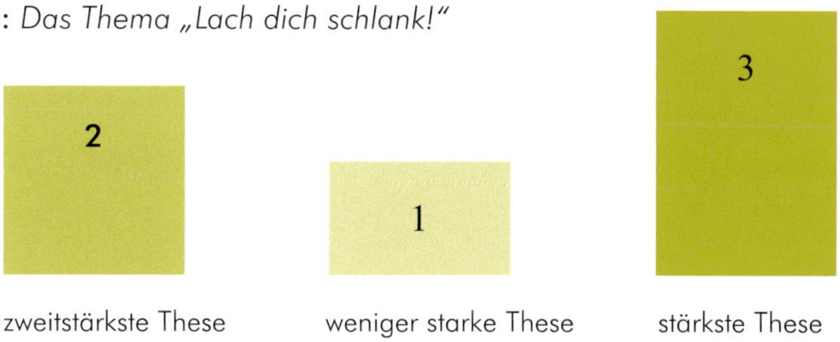

1) These: Frustessen ist passé
2) These: Crash-Diäten machen krank und fett
3) These: Lachen wirkt positiv auf Körper und Seele

Sammeln Sie nun Argumente, die Ihre Kernaussagen unterstützen. Die Liste der Argumentarten aus dem Kapitel 12 hilft Ihnen. Selten sind mehr als fünf Argumente pro These notwendig, um Ihren Standpunkt zu untermauern.

Beispiel:

Kernthese: Frustessen ist passé
A1 Faktenargument: Stress bei 45 Prozent Auslöser für Fress-Attacken.
A2 Normenargument: Mehrere kleine Mahlzeiten – kein Heißhunger.
A3 Erfahrungsargument: Kalorienbomben niemals auf Vorrat horten.
A4 Analogieargument: Bei Fettabbau wie bei Muskelaufbau gilt: je regelmäßiger, desto wirksamer!
A5 Logikargument: Frustfressen kommt von Frust und erzeugt neuen Frust.
A6 Nutzenargument: Weniger Kilo – mehr Freude an Bewegung – Bewegung macht gute Laune!
A7 Potenzielles Gegenargument: Schokolade erzeugt Glückshormone.

So bereiten Sie Ihre Rede optimal vor:
Notieren Sie nur Stichworte! Sagen Sie sich die einzelnen Argumente jedoch laut vor. Das Diktafon ist hier eine wertvolle Hilfe. Es unterstützt Sie dabei, Ihre Gedanken schlüssig zu formulieren. So strahlen Sie während der Präsentation Sicherheit und Kompetenz aus. Ziel ist, den Vortrag so frei wie möglich zu sprechen. Stichwortkarten oder die Bilder und Diagramme der Power Point-Präsentation dienen nur als Erinnerungsstützen, damit Ihre Rede fließend bleibt.

Bei der Vorbereitung der Stichwortkarten ist zu beachten:
- ideal sind A5–Karten.
- schreiben Sie die Karten in gut lesbarer Druckschrift!
- verwenden Sie Farben zur besseren Orientierung!
- zu jedem Substantiv gehört ein Verb!
- nummerieren Sie die Karten durch!

Wir leben in einer Welt, die voll von Eindrücken und Ablenkungen ist. Es ist sehr schwer geworden ist, andere wachzurütteln, zu schockieren oder spontan zu begeistern. Die Graphik zeigt, wie schnell die Aufmerksamkeit im Laufe einer Präsentation schwindet.

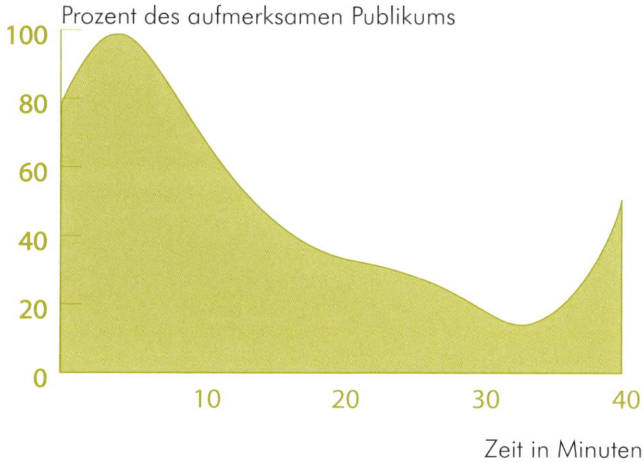

http://www.rhetorik.ch/Praesentation/Praesentation.html

Zwei Konsequenzen sind daraus ersichtlich:
1. Je kürzer der Vortrag desto besser!
2. „Abruption" – Arbeiten Sie mit dem Unerwarteten!

Was bedeutet Abruption?

Der Begriff „Abruption" kommt ursprünglich aus der Gehirnmedizin. Mittlerweile wird das „verblüffende Element" in der Werbung mit großem Erfolg eingesetzt. In der Informationsvermittlung schaffen wir damit Aufmerksamkeit, denn auch als Vortragender müssen wir um unser Auditorium werben.
Neurologen erklären: „Die Gehirnzellen hören auf zu feuern, wenn die Stimuli nicht verändert werden, aber es ist nicht die pure Präsenz von Stimuli, die eine Reaktion auslöst, sondern der Wechsel im Stimulus. – Je unerwarteter dieser Wechsel, um so intensiver das Erlebnis."

Beispiel: Ein Werbespot
Die Kamera zeigt ein altes schwarz-weiß Foto von einem Ehepaar. Darunter die Erklärung „Die Eltern von Nicolae Ceaucescu". In der nächsten Einstellung sieht man irgendwo anders in der Welt ein Ehepaar mit der Texterklärung „Die Eltern von Adolf Hitler". Nachdem noch die Eltern einiger anderer Diktatoren präsentiert wurden, folgte das farbige Bild einer Kondommarke mit dem Auflösersatz: „Wie man sie alle hätte verhindern können."
Dieser Spot ist nicht nur preisgekrönt, sondern dient auch als klassisches Fallbeispiel für perfekt ausgearbeitete Abruption. Der Überraschungseffekt rüttelt auf, und so bleibt der Spot den Zusehern länger im Gedächtnis. Die Information wurde vom Gehirn zuverlässig gespeichert.

Drei Möglichkeiten, um zu überraschen:

1) Sammeln Sie Wortmeldungen von Laien zu Ihrem Thema. Diese „Sager" zeigen, wie sehr die Meinungen in der Bevölkerung divergieren.

Beispiel: „Wo liegt Paso Doble?"
Die verblüffendsten Antworten aus dem Interview:
„Paso Doble ist eine Insel in der Sierra Nevada." „Paso Doble ist der lateinische Begriff für die Bauchspeicheldrüse." „Der liegt auf meinem Nachttisch und ist Autor von ‚Der Alchimist.'"

2) Recherchieren Sie drei Meinungen von allgemein anerkannten Experten. Wichtig ist, dass diese einander widersprechen.

Beispiel:
Expertenmeinung 1: *„Bananen machen dick."*
Expertenmeinung 2: *„Die Bananen-Diät lässt die Pfunde purzeln."*
Expertenmeinung 3: *„Nur grüne Bananen helfen beim Abspecken."*
Wenn sich sogar die Experten uneinig sind, ist es dringend an der Zeit, dass Sie durch Ihren Vortrag Informationen und nicht Meinungen transportieren.

3) Haben Sie die Möglichkeit, einem Prominenten eine Wortmeldung zu entlokken? Dieser „Sager" auf Band oder Video festgehalten, weckt auch den trägsten Zuhörer.

Sieben Tipps für den kompakten Aufbau einer Rede:

1) Kürze ist Würze! Informieren Sie Ihre Zuhörer, doch bilden Sie sie nicht aus! Diese drei Fragen helfen, Ihre Inhalte richtig zu dosieren:
Was **muss** ich erklären?
Was **sollte** ich zum besseren Verständnis mitteilen?
Was **kann** ich zur Auflockerung erzählen?

2) Zu viele Namen wirken verwirrend. Veranschaulichen Sie Zahlen, indem Sie Vergleiche anbieten, z. B: „In Europa sind 32 Millionen Menschen ohne Arbeit, das entspricht der Einwohnerzahl von Kanada!"

3) Schaffen Sie durch neue Ansätze und ungewöhnliche Perspektiven Aha-Erlebnisse, z. B: „Millionen Menschen leiden an Übergewicht und sind gleichzeitig mangelernährt ..." oder: „Millionen Menschen sterben an den Folgen von zu viel Nahrung!"

4) Sorgen Sie durch kurze Zusammenfassungen und Ausblicke für besseres Verständnis und Struktur.

5) Überlegen Sie sich die Kernbotschaften in verschiedenen Variationen. So umgehen Sie die langweilige Formulierung: „Wie schon gesagt …"

6) Sprechen Sie Ihr Publikum immer wieder direkt an!

7) Vermeiden Sie Fremdworte und Fachtermini, die nicht zielgruppenadäquat sind!

Der Schluss Ihrer Präsentation

Am Ende des Hauptteils steht bei herkömmlichen Vorträgen fast immer eine Zusammenfassung. Bei vielen Rednern stellt dieses Resümee jedoch nur eine Aufzählung von Schlagwörtern dar. Die Folge: Das Interesse am bereits duftenden Kaffee ist größer als das an den letzten Sätzen der Präsentation. Mehr Pep hat ein Zukunfts-Szenario. Schildern Sie anhand praktischer Beispiele, wie positiv die Zukunft aussieht, wenn die von Ihnen vorgeschlagenen Schritte umgesetzt werden. So führen Sie dem Publikum bildhaft vor Augen, welchen Nutzen Ihre Aussagen haben. Der Nachgeschmack sorgt für positive Erinnerungen, das ist die goldene Regel für den Schluss Ihrer Präsentation. Wer bereits eine halbe Stunde vor dem Abgesang meint: „Ich komme damit zum Schluss …!", weckt Hoffnungen im Publikum, die sehr rasch auch wieder zerstört werden. Das Finale soll kurz, animierend und positiv sein. Drei Möglichkeiten stehen hier zur Wahl:

1) Der emotionale Appell:

Achten Sie darauf, dass der Appell positiv formuliert ist, z. B.:

„Sie haben den Angeklagten gesehen. Sie haben das Opfer gehört. Sie haben die Leiden der Mutter empfunden. Jetzt ist es Ihre Entscheidung. Urteilen Sie!"

2) Das Schließen des Kreises:

Greifen Sie das Szenario, mit dem Sie den Vortrag begonnen haben, am Schluss wieder auf, z. B.:

Thema: Energiekrise

Anfang: Bis zum Jahr 2030 verdoppelt sich der Energieverbrauch auf der Erde. Weitreichende Konsequenzen für die Umwelt sind die Folge …

Ende: Wissenschaftler gehen davon aus, dass es in fünf Jahren 50 Millionen Umweltflüchtlinge geben wird. Wie gehen wir mit diesen neuen Gegebenheiten um? Diese Frage stelle ich jetzt Ihnen!

3. Das Zitat:

Das Zitat ist nicht unbedingt die eleganteste Lösung. Falls Sie aber diesen Weg wählen, achten Sie besonders darauf, dass die geborgten Worte nicht nur klug und originell sind, sondern auch zu Ihrem Thema passen.
Floskeln wie „Vielen Dank für Ihre Aufmerksamkeit" sollten Sie sich und Ihrem Publikum in jedem Fall ersparen. Danken Sie ruhig dem Publikum, wenn Sie das Bedürfnis haben, verwenden Sie aber lieber frische Formulierungen, z. B.: „Es war schön, vor so einem interessierten Publikum zu sprechen, danke!"

Verwenden Sie die folgende Kontrollliste für die Vorbereitung. So können Sie überprüfen, ob Ihre Präsentation die wichtigsten Kriterien erfüllt:

Checklist für den Aufbau Ihrer Präsentation	-	+
Steigert die Einleitung das Interesse des Publikums am Thema?		
Ist der Überblick in Form von Fragen gestaltet?		
Orientiert sich meine Argumentation an der Zielgruppe?		
Werden wichtige Aspekte angekündigt?		
Sind die Sätze kurz und die Formulierungen positiv und aktiv?		
Werden meine Kernbotschaften deutlich?		
Führe ich genügend Beispiele und Vergleiche zur Veranschaulichung an?		
Ist der Nutzen erkennbar formuliert?		
Wozu werden die Zuhörer durch meinen Vortrag animiert?		
Ist der Schluss einprägsam und weitererzählbar?		

Achtung! Wer braucht Formulierungen wie ...

*Sie hören: „Ich **würde** sagen wollen, dass ..."*
Sie denken: „Sprich, was dir am Herzen liegt, aber schnell!"

*Sie hören: „Ich **würde** vorschlagen, dass ..."*
Sie denken: „Du **würdest** nur, und was tust du tatsächlich?"

Sie hören: *„Darf ich dazu bemerken ... Dürfte ich Sie mal fragen ..."*
Sie denken: „Nein!"

Sie hören: *„Wie ich schon bei meinem letzten Vortrag ausgeführt habe ..."*
Sie denken: „Oh Gott, nicht noch einmal!"

Sie hören: *„Ich komme jetzt zum Ende, möchte aber noch ..."*
Sie denken: „Leere Versprechungen!"

Sie hören: *„Ich möchte entschieden behaupten ..."*
Sie denken: „Entschieden und behaupten, wie geht das zusammen?"

... Niemand!

FAQs rund um den Vortrag

1) Blackout – was tun, wenn das Wort im Hals stecken bleibt?

Niemand ist davor gefeit, plötzlich „stecken zu bleiben". Doch die „Gedankenpause", die für Sie als Redner unendlich lang ist, empfindet der Zuhörer nicht unbedingt als peinlich. In der Regel sind erst Pausen ab 6 Sekunden für das Publikum irritierend. Peinlich wird die Situation erst, wenn Sie sich entschuldigen oder womöglich andere für Ihren „Hänger" verantwortlich machen: „Das war anders besprochen!" oder „Die Anfrage kam so plötzlich, ich hatte kaum Zeit, mich vorzubereiten!" Drei Tricks helfen:

- **Die Eigenregiefrage**

Der rote Faden ist gerissen, knüpfen Sie ihn mit Eigenregiefragen einfach wieder zusammen! Z. B. „Gerade hab ich darüber gesprochen, dass ... Was ist jetzt besonders wichtig?"; „Wie es zur augenblicklichen Situation gekommen ist, habe ich nun deutlich gemacht. Welches Ziel verfolgen wir nun?"

- **Mut zum Neustart**

Wenn Sie sich in einem Schachtelsatz verheddern, brechen Sie ihn ab und wiederholen Sie die Essenz Ihrer Aussage mit anderen Worten: „Das bedeutet also konkret ..."; „Das heißt schlussendlich ..."

- **Bewegen Sie sich!**

Blackouts sind eine Art Gedankenstau im Kopf. Eine Schauspielerregel lautet: „Wenn dir nichts mehr einfällt, dann lauf!" Das bedeutet nicht, dass Sie das Rednerpult fluchtartig verlassen sollen! Sofern es die Örtlichkeit erlaubt, machen Sie einfach schweigend ein paar Schritte. Sie gewinnen Zeit und die Blockade löst sich.

2) Wie viel Gestik ist erlaubt?

Das kommt nicht nur auf den Anlass, sondern auch auf das Temperament des Sprechers an. Bei einer Trauerrede ist weniger Gestik angebracht als bei der Präsentation der neuen Werbe-Strategie. Alles was antrainiert und gewollt aussieht, ist furchtbar! Typisch nervöse Gesten sind das Vergraben der Hände in den Taschen und Fuchteln mit den Händen vor dem Gesicht. Sinnvoll ist es, einige Grundregeln zu beachten:

- Halten Sie Ihre Hände in der aktiven Ebene, etwa in der Höhe des Gürtels.
- Öffnen Sie den Kommunikationskreis, indem Sie die Handflächen zeigen.
- Ihre Ellbogen sollten nicht am Körper kleben.

Beobachten Sie sich beim entspannten Plaudern! In dieser Situation setzen die meisten Menschen ihre Gestik ideal ein. *(Siehe Kapitel 8)*

3) Wie stehe ich richtig?

Ungefähr hüftbreit, fest mit beiden Füßen auf dem Boden. Während des Sprechens ist es wichtig, nicht unruhig von einem Bein aufs andere zu steigen. Das Tänzeln ist eine weit verbreitete Marotte. Geübte Redner erhöhen ihre Wirkung, indem sie hin und wieder ein paar Schritte gehen. Die Grundregel hier lautet: Sie können alles tun, solange Sie wissen, was Sie tun.

4) Wie gehe ich mit einem Mikrofon um?

Sowohl für den Redner als auch für das Publikum ist es angenehmer, ohne künstliche Stimmverstärkung auszukommen. Ist die Akustik im Raum gut, sind Veranstaltungen bis zu 60 Personen ohne Schwierigkeiten zu meistern. Falls Sie sich dafür entscheiden, ein Mikro zu verwenden, ist das Hand-Mikrofon am gebräuchlichsten. Halten Sie es in leicht schrägem Winkel ca. 10 Zentimeter vom Mund entfernt. Wichtig ist, dass die Hand jeder Kopfbewegung folgt. Praktisch sind auch Headsets: Sie bieten den Vorteil, dass Sie beide Hände z. B. für Stichwortkarten frei haben und beim Sprechen nicht auf die richtige Haltung des Mikrofons achten müssen. Manchmal kommt es zu minimalen Verzögerungen in der Ton-Übertragung, darum sollten Sie ein wenig langsamer reden als ohne Mikrofon. Machen Sie vor Beginn unbedingt einen Toncheck und lassen Sie sich vom Tontechniker beraten. Wie alle technischen Hilfsmittel kann auch ein Mikro aussetzen, vergewissern Sie sich, dass ein zweites in greifbarer Nähe ist.

5) Wie werde ich zum guten Redner?

Üben Sie! Selbstgespräche sind ideal. Im Auto, in der Badewanne, wo immer Sie daran denken, sollten Sie Ihre Gedanken laut formulieren. Starten Sie gleich mit dem heutigen Diätplan! Viel Spaß!

Diätplan Tag 16

Rezeptvorschlag: Frühstück

Suchen Sie fünf Worte aus einem Wörterbuch und erzählen Sie mit diesen Begriffen eine zweiminütige Geschichte.

Beispiel: *Rolle / Gebrauch / schwanger / divergieren / Kommissar*

Als Laura im fünften Monat schwanger war und die Rolle der „Salome" probte, wurde ihr bewusst, wie sehr die Aussagen des Regisseurs von Tag zu Tag divergierten. am Abend in der WG angekommen, fand sie Petra, ihre Mitbewohnerin, in Tränen aufgelöst. „Mein Freund hat Probleme mit der Polizei", schluchzte das Mädchen. „Vorhin war ein Kommissar da. Sie wollen eine Haarprobe, denn sie werfen ihm den Gebrauch von Kokain vor." Spätestens an diesem Abend war Laura klar, dass sie ihr Baby nicht in diesem Umfeld aufwachsen lassen konnte …

Rezeptvorschlag: Mittagessen

Suchen Sie sich ein Thema und überlegen Sie, durch welchen Schluss Ihre Aussagen in Erinnerung bleiben.

- ______________________________
- ______________________________
- ______________________________

Rezeptvorschlag: Abendessen

Eine ganz wesentliche Grundregel in der Rhetorik lautet: „KISS" („Keep It Short and Simple"). Fassen Sie einen Film in ungefähr 100 Worten zusammen.

Beispiel: *Nachdem FBI-Agent Will Graham während der Jagd auf den Serienmörder Hannibal Lecter fast sein Leben gelassen hätte, quittierte er seinen Dienst. Doch Graham gilt immer noch als exzellenter Profiler. Deshalb lässt er sich dazu überreden, sich mit dem Fall eines Psychopathen zu beschäftigen, der bei Vollmond gleich ganze Familien meuchelt. Zur Klärung des Falles muss sich Graham aber auch mit seinem einstigen Widersacher Hannibal Lecter beschäftigen. Auch seine Familie wird bedroht. In letzter Minute schafft es Ehefrau Molly, das Monster zu töten. (82 Worte)*

17. Tag
Die Waage zeigt Ihren Erfolg:

Sie können die Pocket-Rhetorik und die Drei-Säulen-Struktur anwenden

Sie beherrschen Schlussformulierungen für Ihre Reden und Vorträge

Sie können mit Blackouts umgehen

Was unterstützt die Rede-Diät?

17. Kapitel
Tatjana Lackner

Eine sinnvolle Diät versteht sich nicht nur als körperliche Reduktionsmaßnahme, sondern auch als geistige Entschlackung. Während Sie bewusst die richtigen Nahrungsmittel auswählen, lässt sich auch der Geist reinigen. Reflexion ist angesagt! Ein gutes Buch wird niemals einen guten Trainer ersetzen. Persönlichkeit kann durch Lektüre allein nicht trainiert werden.

Je intelligenter ein Mensch ist, desto intelligenter belügt er sich selbst und manchmal auch andere. Wir alle haben von Kindheit an taugliche Muster entwickelt, die uns bei der Selbsttäuschung behilflich sind. Über sich selbst zu erzählen – bei Bewerbungen oder Vorstellungsrunden – ist für einige Menschen so unangenehm, wie auf die Waage zu steigen. Viele sind peinlich berührt, wenn sie nach Stärken oder Schwächen befragt werden. Bei der Antwort wird entweder geschwiegen, gestammelt, aufgeschnitten oder merkbar geschönt, was dann tatsächlich peinlich werden kann. Das Rede-Jo-Jo lässt grüßen und rhetorische Problemzonen kommen zum Vorschein. Die eigenen Daten und erlebten Abschnitte tabellarisch zu formulieren, fällt nicht jedem gleich leicht. Oft fließen Stunden in die Strukturierung der Lebensfakten. Uns geht es in diesem Kapitel jedoch nicht um das Thema Bewerbung oder Eigenpräsentation. Viel spannender ist es, in die Nischen des eigenen Lebens hineinzuleuchten. Welche Informationen verbergen sich in Ihrer Biografie?

Selbst-Profiling:
Selbst-Profiling ist vergleichbar mit Biografiearbeit und heißt, in der eigenen Lebensschrift zu lesen und daraus zu lernen. Wie stringent zieht sich ein roter Faden durch Ihr Leben? Was motiviert Sie, sich weiter zu entwickeln? Unser Charakter bestimmt unser Schicksal. Erlauben die Niederlagen und Erfolge in Ihrer Biografie Rückschlüsse auf Ihre Charaktereigenschaften? Selbsteinschätzung ist eine wesentliche Schlüsselqualifikation, die trainiert werden kann. Unser Eigenbild verändert sich schließlich ebenso wie wir selbst. Sie haben vor zehn Jahren anders über sich gedacht als heute.

Selbst-Profiling bringt den Nutzen, dass Sie Ihre Muster eigenständig orten und darauf reagieren. Ich-Kompetenz zu erkennen und zu entwickeln ist viel wichtiger im Leben als jedes MBA oder sonstige Zertifikat! Was gibt es außer den bekannten Daten und Fakten noch über Sie zu erfahren?

Nehmen Sie sich für Ihre Selbsterkenntnis Zeit und vermeiden Sie unbedingt zu kurze Antworten. Notieren Sie Ihre Überlegungen in Stichworten zu den Fragen:

A. Schuljahre:

1) In welchen Fächern waren Sie während der Schulzeit gut oder interessiert? Was hat Sie daran konkret fasziniert?

2) Welches Image hatten Sie während der Schulzeit? (Streber, Klassenclown, Rebell, Rädelsführer, Bremser, „beste Freundin“, Eremit, Antiheld, graue Maus, Cliquenmitglied ...)?

3) Wie gut konnten Sie sich damals Gehör verschaffen (bei Lehrern und bei Mitschülern)?

4) In welchen Bereichen würden Sie sich heute mit Ihrem Ich aus Schultagen gut verstehen?

5) Wäre Ihnen damals Ihr Lebensverlauf prophezeit worden, was davon hätten Sie niemals erwartet?

6) In welchem konkreten Punkt hat sich Ihre Kommunikationsfähigkeit zu früher verbessert?

7) Welcher Schultyp hätte Ihre Fähigkeiten besser unterstützt, wären Schulnoten und Geld egal gewesen?

B. Berufsjahre:

1) Welche zusätzliche Ausbildung hätte Ihrer Karriere genützt?

2) Welche berufliche Niederlage der Vergangenheit würden Sie heute souverän meistern?

3) Formulieren Sie Ihren größten beruflichen Erfolg in einem Satz! „Ich bin stolz …"

4) Was ist Ihre größte Motivation für Leistung? (Geld, Anerkennung, Arbeitsklima, Macht, Neugierde …)

5) Definieren Sie den Unterschied (im Bezug auf sich selbst) zwischen:
- Ich bin beruflich erfolgreich.
- Ich habe Karriere gemacht.

6) In welchen Punkten wäre die mündliche Beurteilung Ihrer ehemaligen Dienstgeber übereinstimmend? (Drei Beispiele)

7) Welche Ihrer Schwächen würden die schärfsten Kritiker unter den bisherigen Kollegen in einem Gespräch formulieren? (Drei Beispiele)

C. Familienjahre:

1) Gibt es in Ihren gescheiterten Beziehungen gemeinsame Nenner? Wenn ja, welche?

2) Welcher Partner hat Sie am stärksten gefördert? In Bezug worauf?

3) Welche Probleme würden Sie in einer Partnerschaft mit sich selbst haben?

4) Welche Ihrer Eigenschaften würden Sie gerne an Ihre Kinder vererben?

5) Bei welchen Ihrer Verhaltensweisen fallen Ihnen Parallelen zu den Eltern auf?

6) Wenn Sie sich um 10.000 Euro eine Eigenschaft kaufen könnten, welche wäre das im Hinblick auf Ihr Familienleben? Warum?

7) Wann ist für Sie eine Beziehung „erfolgreich"?

D. Weiterbildung:

1) Welche Weiterbildung hat Ihnen bisher den größten Nutzen gebracht und warum?

2) Sollte man sich Ihrer Ansicht nach regelmäßig oder lieber im konkreten Bedarfsfall persönlich weiterbilden? Wie handhaben Sie das?

3) Wenn Sie einen Bildungsscheck über 6.000 Euro bekämen, was würden Sie buchen?

4) Für welches Themengebiet würden Sie niemals Geld ausgeben?

5) Für Weiterbildung bleibt ohnehin schon wenig Zeit. Sollte man sich dann lieber zuerst auf einem Gebiet spezialisieren, in dem man ohnehin gut ist, oder sich mit Gebieten auseinandersetzen, in denen wenig Wissen vorhanden ist? Konkrete Erklärung!

6) Wie viel Geld wenden Sie tatsächlich für Ihre persönliche Weiterbildung pro Jahr auf?

7) Auf welchem Gebiet außerhalb Ihres Berufes könnten Sie Wissen vermitteln?

Datum:

Sie waren wirklich gut, wenn Sie zu allen Fragen Antworten gefunden und notiert haben. Das Datum am Ende ist wichtig, weil Sie in ein paar Jahren, wenn Sie das Buch wieder zur Hand nehmen, überprüfen können, ob die Antworten noch stimmen. Es geht uns nicht anders, wenn wir alte Tagebücher, Kalender oder Fotos ansehen. Automatisch ziehen wir Vergleiche.

Zum Self-Profiling gehört auch, sich mit seinen Persönlichkeitskriterien von A–Z auseinander zu setzen. Ziel ist, zu erkennen, wo Entwicklungsbedarf besteht:

dominant: ++ **durchschnittlich:** + **schwach:** O

Check-Liste Persönlichkeitskriterium	++	+	O
aggressiv			
aktiv			
analytisch			
anpackend			
anpassungsfähig			
aufgeschlossen			
ausgeglichen			
autoritär			
begeisterungsfähig			
beherrscht			
belastbar			
durchsetzungsstark			
dynamisch			
ehrgeizig			
eigeninitiativ			
einfühlsam			
einsatzbereit			
emotional			

Check-Liste Persönlichkeitskriterium	++	+	O
erfolgsorientiert			
ernst			
fähig, andere zu motivieren			
fähig, andere zu beeinflussen			
flexibel			
forsch			
fantasievoll			
freundlich			
fröhlich			
geduldig			
gelassen			
geradlinig			
geschickt im Umgang mit Menschen			
gewandtes Auftreten			
hilfsbereit			
humorvoll			
impulsiv			
innovatives Handeln			
jammernd			
kompromissbereit			
kontaktfreudig			
konsequent			
konstruktiv			
konzentriert			
kooperativ			
koordiniert			
kreativ			
kritikfähig			
lernbereit			
mobil			
motiviert			
mutig			
neugierig			
offen			
optimistisch			
organisiert			
pflichtbewusst			
reisefreudig			
sachlich			
schlagfertig			
schnell			
selbstbewusst			

Check-Liste Persönlichkeitskriterium	++	+	O
sensibel souverän sportlich strukturiert sympathisch teamfähig technisch begabt temperamentvoll tolerant unternehmerisch denkend verantwortungsvoll vielseitig warmherzig wortgewandt zielorientiert zuverlässig			

(Quelle: http://www.berufszentrum.de/muster/Eigenanalyse.doc)

Viele Persönlichkeitskriterien können zu Kompetenzen werden, wenn Sie an sich arbeiten. Wir werden wegen unserer Eigenschaften privat geliebt, geheiratet – und auf dem Jobmarkt beurteilt. Bildung allein genügt heute nicht mehr, um erfolgreich zu sein. Menschen sind immer dann am produktivsten, wenn ihre Denkmuster im Einklang mit ihren Tätigkeiten stehen. Bei Bewerbungen oder Gehaltsverhandlungen ist es sinnvoll, die eigenen Stärken mit Beispielen zu untermauern und sich zu überlegen, welchen Nutzen der Dienstgeber von unseren Fähigkeiten hat.

Das Kompetenz-Dreieck:
Neben der Fachkompetenz sind besonders ausschlaggebend für den Aufstieg ins Management

- rhetorische Intelligenz (wie gut kann ich mich ausdrücken?)
- soziale Kompetenz (wie gehe ich mit anderen um?)
- Ich-Kompetenz (was macht mich aus?)

Unter **Fachkompetenz** versteht man abprüfbares Wissen und vergleichbare Fähigkeiten, verbunden mit beruflichen Qualifikationen. Fertigkeiten aus dem Privatleben gehören jedoch genauso dazu. Wenn jemand gut kochen kann, ist das ebenso eine Fachkompetenz.

Beispiel:
Christian R. ist Jurist, spezialisiert auf Kunstrecht und reitet in seiner Freizeit Islandpferde. Er hat vor zwei Jahren die Ausbildung zum Snowboardlehrer gemacht und liebt es, Jugendliche zu motivieren. Außerdem ist er begeisterter Weinsammler. Interessierten Freunden kann er stundenlang von Weingebieten aus aller Welt erzählen. Er selbst träumt von einer Familie und davon, irgendwann eine eigene Kanzlei zu besitzen.

Ohne Schwierigkeiten lassen sich bereits drei Kompetenzen zusammenfassen:

1) Fachkompetenz	**Beweis**
analytisch, rechtskundig, ausdauernd	Jurastudium mit Spezialgebiet
Pferdesport	reitet Islandpferde
Snowboardsport	ausgebildeter Lehrer
Know-how rund um das Thema Wein	Weinsammler und Kenner

Die **soziale Kompetenz** zeigt sich im Umgang mit anderen. Aus dem Fallbeispiel lässt sich herauslesen, dass Christian R. auch Fähigkeiten hat, die ihm gesellschaftlich zugute kommen:

2) Soziale Kompetenz	**Beweis**
kinderlieb und familienfreundlich	will Familie und trainiert gerne mit Jugendlichen
motivierend und führungsstark	leitet Snowboard-Gruppen
tierlieb	Pferdefreund
Unterhalter-Qualitäten	Informationsabende für Freunde

Unter **Ich-Kompetenz** versteht man Fähigkeiten, die Sie abseits Ihres Fachwissens und ohne Bezug auf andere Menschen haben. Diese Eigenschaften machen Sie zu etwas Besonderem. Im Falle von Christian R. können wir nur mutmaßen, über welche Ich-Kompetenzen er verfügt:

3) Ich-Kompetenz	**Beweis**
ehrgeizig, strebsam	Berufsziel: eigene Kanzlei
gut bereist	besucht Weingebiete in aller Welt
kultiviert, gebildet	Sein Interesse an Kunst und Design hat seinen Geschmack geformt und ihn zu einem ästhetisch empfindsamen Menschen gemacht. Nicht nur seine universitäre Ausbildung und die damit verbundenen Neuerungen, auch die Auseinandersetzung mit Kultur erweitern beständig seinen Horizont.
unternehmungslustig, interessiert	Gerne ist Christian R. auch alleine unterwegs, besucht unbekannte Städte oder neue Ausstellungen.

Das Inkompetenz-Dreieck:
Oft liegt wenige Millimeter neben der größten Stärke unsere größte Schwäche. Zur Persönlichkeitsbildung gehört auch, sensibel zu sein für eigene Inkompetenzen.

Was sind Ihre größten **fachlichen Inkompetenzen?**

1) Fachliche Inkompetenz:	**stört mich bei**
z. B. strategisch Denken	*Verhandlungen*

Die Check-Liste der Persönlichkeitskriterien kann Ihnen bei dieser Übung bestimmt helfen. In den Bereichen, in denen Sie sich selbst mit „schwach" beurteilt haben, finden Sie Ansatzpunkte zur Verbesserung.

2) Soziale Inkompetenz	**fällt mir auf bei**
z. B. aktives Zuhören	*Streitgesprächen*

An welcher **sozialen Inkompetenz** sollten Sie noch arbeiten? Unsere **Ich-Inkompetenzen** sind am schwersten zu beschreiben. Versuchen Sie es trotzdem! Mit welcher Eigenschaft stehen Sie sich selbst manchmal im Weg?

3) Ich-Inkompetenz	**die merke ich besonders**
z. B. Unmäßigkeit	*auf der Waage*

Die eigenen Inkompetenzen zu erkennen ist ebenso wichtig, wie über Stärken knapp und prägnant Auskunft geben zu können.

Kann man sich verändern?

Ja, man kann. Wodurch sich Menschen ändern, ist höchst individuell. Beim einen ist es der Leidensdruck wegen seines Übergewichts und den damit verbundenen Gelenks- und Rückenproblemen. Der andere ist frisch verliebt und möchte, motiviert durch die neue Freundin, besser aussehen. Wieder ein anderer schließt eine Wette ab, wie viel er in drei Wochen abspecken kann. Seine Motivation ist der in Aussicht stehende finanzielle Gewinn. Alle drei verändern sich durch das neu gewonnene Körpergefühl, aber jeder hat andere Motivatioren.
[Siehe Motivationskuchen]

Wir unterscheiden:

Motiv	Antrieb, Ursache oder Zweck des Handelns.
Motivation	Bereitschaft oder Leitgedanke, um ein Ziel zu erreichen oder ein Bedürfnis (z. B. Hunger, Durst) zu befriedigen.

Beispiel: *Ein Raucher möchte aufhören zu rauchen.*

Klassische Motive:	Motivation:
Verstand	*Er weiß, dass Rauchen schädlich ist und viel Geld kostet, dass er lieber spart.*
Gefühl	*Er hustet in der Früh und fühlt sich wegen des Nikotins oft unwohl.*
Angst	*Natürlich hat auch er Angst vor Raucherschäden wie Lungenkrebs.*
Risikobereitschaft	*Das Risiko, ein paar Pfund zuzunehmen, nimmt er in Kauf.*
Gerüchte	*In seiner Familie geht das Gerücht seit Jahren um, dass auch sein Urgroßvater an den Folgen des Rauchens gestorben sei.*
Widerstände	*Nachdem viele in seiner Familie rauchen, weiß er, dass die Unterstützung gering ist. Er stellt sich darauf ein, dass er Versuchungen widerstehen muss.*
Leidensdruck	*Nach 18 Jahren starken Tabakkonsums spürt er die gesundheitlichen Schäden besonders beim Sport immer häufiger.*
Gesellschaft	*Er merkt, dass Rauchen immer weniger gesellschaftsfähig ist. Weder seine Vorstände noch seine gesundheitsbewussten jungen Kollegen rauchen.*

Das Leben wäre leicht, würden die klassischen Motive immer zur Korrektur des Verhaltens führen. Jedes Ziel wäre schnell erreicht. Wir wissen, dass das nicht so ist. Finden Sie in der folgenden Übung heraus, welcher Parameter verändert werden muss, damit Sie einen Richtungswechsel versuchen. Nehmen wir an, Ihre Persönlichkeit ist ein Schloss und Veränderung ist der Schlüssel. Nicht jeder Schlüssel sperrt. Nicht jede beliebige Veränderung wird bei Ihnen greifen. Deshalb begeben wir uns auf die Suche nach Ihrem persönlichen Schlüssel. Würden Sie sich in Ihrer Persönlichkeit stärker verändern, wenn man Sie in eine andere Zeit reisen ließe oder wenn Sie mit Reichtum gesegnet wären? Nicht alle Menschen sind durch Geld, Macht und Ansehen motivierbar. Es gibt die Genießer, denen Zeit und Unabhängigkeit viel wichtiger sind als Status und Vermögen.

Übung: Wie sehr prägt das Umfeld Ihren Charakter? Finden Sie unter den neun Schlüsseln der Veränderung jene heraus, die für Sie am ehesten sperren! Auf einer Skala von 1 bis 5 bewerten Sie die Relevanz für Ihr Leben. *(z. B. „Der Schlüssel der Zeit", ist für meine Veränderung nicht so wichtig. Wogegen „der Schlüssel des Berufes" mich maßgeblich geprägt hat.)*

1) Schlüssel der Zeit

Zeit ist eine Größe für uns Menschen. Wir messen sie, wir versuchen, unsere Lebenszeit zu verlängern. Manche schwindeln sogar bei ihrem Alter, ein deutliches Indiz dafür, dass sie nicht im Jetzt leben. Wie würde sich Ihre Persönlichkeit verändern, wenn Sie in einem anderen Jahrzehnt lebten? 1 ├─┼─┼─┼─┤ 5

2) Schlüssel des Ortes

Die einen suchen Orte der Kraft und Erholung, für andere ist es nicht so wichtig, wie viel Energie ein Platz ausstrahlt. Viele Menschen bestätigen, dass nach einem Ortswechsel ein völlig neuer Lebensabschnitt begonnen hat. Wenn Sie nun aus beruflichen Gründen in Rumänien oder Japan arbeiten müssten, inwieweit hätte ein Ortswechsel Einfluss auf Ihre Persönlichkeit? 1 ├─┼─┼─┼─┤ 5

3) Schlüssel des Namens

Ein Vorname wie Fridolin oder Alfreda garantiert besondere Erfahrungen während der Schulzeit. Im Gegensatz dazu fühlt man sich als dritter Max oder zweite Lisa im Klassenverband nicht gerade als Individualist. Identifizierung und Abgrenzung erfolgen auch über Namen. Welchen Einfluss hätte es auf Ihre Entwicklung gehabt, wenn Sie völlig anders hießen? 1 ├─┼─┼─┼─┤ 5

4) Schlüssel des Geldes

Verdirbt Geld den Charakter? Haben arme Menschen edlere Werte? Bedeutet Geld mehr Freiheit? Ist zu wenig Geld ein Unglück? Wenn man Ihre finanzielle Situation ändern und Sie zum Millionär bzw. Sozialhilfeempfänger machen würde, was veränderte sich dadurch? 1 ├─┼─┼─┼─┤ 5

5) Schlüssel des Berufes
Ein Schauspieler braucht andere Eigenschaften als ein Wirtschaftsprüfer. Werbefachleute müssen andere Prioritäten setzen als Sozialarbeiter. Würde sich Ihre Lebensführung stark verändern, wenn Sie einen völlig anderen Beruf ausüben müssten? Inwiefern? 1—5

6) Schlüssel des Umfeldes
Unser soziales Umfeld prägt unsere Denkmuster und unsere Sprache. „Ich denke, also bin ich", sagte René Descartes. Schon von Geburt an bestimmen Familie, Freunde und andere Mitmenschen unser Leben, unsere Identität, unsere Persönlichkeit in vielerlei Hinsicht. Wenn Sie in einer gänzlich anderen Gesellschaftsschicht verkehren würden, was wäre Ihr größtes Handicap? Wie grenzen Sie sich gegen bestimmte Milieus ab? Geschieht das bewusst? 1—5

7) Schlüssel der Hoffnung
Hoffnung und Glück liegen eng beieinander. Glückliche Menschen hoffen, ihr Glück nicht zu verlieren. Unzufriedene hoffen auf bessere Zeiten. Stellen Sie sich in heiklen Situationen die Frage, ob noch Hoffnung besteht? Inwiefern verändern Sie Ihr Verhalten an glücklichen Tagen? Theodor Storm schrieb: „Wir können wohl das Glück entbehren, aber nicht die Hoffnung." Werden Ihre Erwartungen meistens erfüllt oder geben Sie sich zu oft Illusionen hin? 1—5

8) Schlüssel des Leidensdrucks
Leidensdruck ist eine besonders wichtige Triebfeder für Veränderung, denn rationale Einsicht führt nicht immer zu Taten. Sie veranlasst uns weder dazu, Sport zu treiben noch mit dem Rauchen aufzuhören. Sowohl im Privatleben als auch im Beruf gibt es nur zwei Dinge, die wirklich dazu führen, dass Gewohnheiten dauerhaft verändert werden: Leidensdruck und Hoffnung. Zu allem Übel müssen sie auch noch beide zusammenkommen, damit wirklich etwas geschieht. Was muss Ihnen so sehr zu schaffen machen, dass Sie eine Gewohnheit lassen? 1—5

9) Schlüssel des Geschlechtes
Unser Geschlecht beeinflusst nicht nur unsere Sexualität, sondern auch den gesellschaftlichen Umgang mit anderen. Männer suchen sich verständlicherweise andere Identifikationsfiguren aus Sport, Politik oder Unterhaltung als Frauen.
Wie würde sich Ihr Leben verändern, wenn Sie als Mann bzw. Frau geboren wären? Welche Charaktereigenschaften blieben gleich? Worauf müssten Sie verzichten und was würden Sie vermissen? 1—5

Betrachten Sie Ihre Bewertung! Sie haben gerade herausgefunden, welche Parameter Ihr Leben am stärksten geprägt haben. Erkennen Sie den Schlüssel, der Ihnen bei der Veränderung hilft? 1—5

Diätplan Tag 17

Rezeptvorschlag: Frühstück	**Beispiel:**
Versuchen Sie heute bewusst, ein nützliches Persönlichkeitskriterium, bei dem Sie sich im Selbst-Check mit „schwach" beschrieben haben, auszubauen! Schwäche Erster Lösungsschritt • ________ • ________ • ________ • ________ • ________ • ________	Im Selbst-Check definierte Schwächen: *„dynamisch"* *Heute werde ich bewusst darauf achten, mit mehr Elan an meine Arbeit heranzugehen.* *„unternehmerisch denkend"* *Heute versuche ich, beim privaten Einkauf zu sparen.*

Rezeptvorschlag: Mittagessen	**Beispiel:**
Überlegen Sie, welche Inkompetenz von konkreten Personen aus Ihrem Umfeld Sie auf die Palme bringen:	Mich nervt die …
Fachliche Inkompetenz: • ____________________ Bei: • ____________________	*… „Unpünktlichkeit" meines Mannes* *… „Intriganz" der Schwiegermutter*
Soziale Inkompetenz: • ____________________ Bei: • ____________________	*… „Faulheit" meiner Tochter*
Ich-Inkompetenz: • ____________________ Bei: • ____________________	

Rezeptvorschlag: Abendessen	**Beispiel:**
Wie heißt der Schlüssel zu Ihrer Veränderung? • ____________________ • ____________________ • ____________________	*Seitdem ich ein Jahr im Ausland gelebt habe, weiß ich, wie stark mich diese Erfahrung geprägt hat. Der Schlüssel des Ortes hat bei mir viel verändert.*

18. Tag
Die Waage zeigt Ihren Erfolg:

Sie haben mit Ihrem Selbst-Profiling begonnen

Sie kennen das Kompetenz-Dreieck

Ihre Veränderungs-Schlüssel sind Ihnen bewusst

Der Konflikt liegt wie ein Stein im Magen

18. Kapitel
Nika Triebe

Konflikte schlagen leicht auf den Magen! In den meisten Fällen ist eine Magenverstimmung auf üppiges, zu fettes oder zu einseitiges Essen zurückzuführen. In diesem Kapitel lernen Sie, Ihre Verdauungsprozesse anzuregen und den Säurehaushalt des Magens wieder ins Gleichgewicht zu bringen. So wie ein paar Tage Fasten reinigend wirken, können auch Konflikte erneuernd und oft sogar regenerierend für Beziehungen sein.

Symptome der Magenverstimmung	**Konflikt-Symptome**
Die Verdauung streikt.	Kommunikation läuft schlecht.
Appetitlosigkeit	Eifersucht entsteht
Nahrungsaufnahme stellt keinen Genuss dar.	Steife und förmliche Kommunikation
Übelkeit ohne spezifischen Grund	Streit wegen Kleinigkeiten
Langes Überlegen, was die Ursache der Verstimmung ist, statt die richtige Therapie zu suchen.	Bei Problemen wird der Schuldige, nicht die Lösung gesucht.

Ein gut geführter Konflikt kann:

- Stagnation verhindern
- zur Identitätsfindung beitragen
- Initialzündung für Veränderung sein
- Neugier und Interesse anregen

Sie sehen nur die Spitze des Eisbergs! Die Wurzel des Konflikts liegt meist viel tiefer. Um Unstimmigkeiten langfristig zu beheben, ist es wichtig, nach Konfliktursachen zu forschen. Diese Tabelle dient Ihnen als Orientierungshilfe, wenn Sie sich in einem Konflikt fragen: „Worum geht es eigentlich?"

Hauptursache	**Bereich**	**Beispiel**
Persönliche Interessen oder unerfüllte Grundbedürfnisse	Status & Macht	Recht haben wollen
	Information	Bewusste Desinformation, Fehlinformationen
	Rollenkonflikt	„Ich bin der Chef, gemacht wird, was ich sage!"

Hauptursache	**Bereich**	**Beispiel**
Konkrete materielle Bedürfnisse bzw. begrenzte Ressourcen	Strukturelle Bedingungen	„Alle haben ein eigenes Zimmer, nur ich nicht!"
	Sachkonflikt	„Lern endlich einparken, sonst leihe ich dir mein Auto nicht mehr!"
	Verteilungskonflikt	„X bekommt eine Gehaltserhöhung und ich warte schon seit zwei Jahren auf meine."
Unterschiedliche Glaubens- und Lebenseinstellungen, Wertesysteme oder Weltanschauungen	Sichtweisen & Werte	Individualität versus Sicherheit Familie versus Beruf
	Gefühle	„Ich warte seit zwei Stunden auf deinen Rückruf!" „Warum hast du mir nicht gesagt, dass du verheiratet bist?"
	Interessen	„Nie gehst du mit mir ins Theater!"

Übung: Rufen Sie sich einen Konflikt, der zu aller Zufriedenheit gelöst wurde, in Erinnerung. Beantworten Sie folgende Fragen:

Woran hat sich der Streit entzündet?

Worum ging es eigentlich?

Wie konnte der Konflikt gelöst werden?

Ihr Konfliktverhalten ist leichter zu verändern, wenn Sie sich selbst und andere einschätzen können. Jetzt lernen Sie sechs Archetypen kennen.
Wie überall gibt es Mischformen:

Sechs Konflikttypen

1) Der Aggressive: Bei diesem Typus erkennt man sofort, dass ein Gewitter im Anzug ist. Sticheleien und böse Blicke kündigen den Streit an. Lautstarke Verbalattacken wie Drohungen und Beschimpfungen krachen ungebremst auf den vermeintlichen Missetäter.

2) Der Desinteressierte: Wie bei einem Schwelbrand ist es auch hier schon schwieriger herauszufinden, was eigentlich los ist. Schweigen ist die Devise. Mehrere Jahre kann der Desinteressierte Dienst nach Vorschrift tun, ohne den Konflikt eskalieren zu lassen. Eine klare Trennung zwischen Ursache und Wirkung von Handlungen ist oft nicht zu erkennen. Dem Partner gibt dieses Verhalten das Gefühl, gegen eine Wand zu sprechen.

3) Der Blocker: Sein Markenzeichen ist der ständige verbale oder auch nonverbale Widerspruch. Es ist schwer, gegen diesen Typus anzukommen, denn nur ungern spricht er den Konflikt an. Zusammenhänge werden stark vereinfacht dargestellt. Schuldzuweisungen und Negativ-Bewertungen gehören zu seinen liebsten Kommunikationskillern.

4) Der Sture: Die Bereitschaft, etwas zu verändern, ist hier wenig ausgeprägt. Uneinsichtigkeit und Schmollen, bis der andere nachgibt, das ist die Strategie. Laufend werden neue Einzelheiten, Fakten, Themen in den Konflikt eingebracht. Wichtig ist für den Sturen, am Ende doch Recht zu behalten.

5) Der Flüchtling: Der Flüchtling ist kaum zu halten, er geht dem Konfliktpartner möglichst aus dem Weg. Die Koffer stets gepackt, ist die Fluchttüre der beste Ausweg. Einfallsreichtum ist vom Konfliktpartner gefragt, denn für ein klärendes Gespräch scheinen alle Leitungen gekappt.

6) Der Süße: Alles scheint in Ordnung zu sein, nur das Luftholen fällt schwer, so angespannt ist die Stimmung. Dieser Typus lässt sich nichts zu Schulden kommen, die Fassade bleibt immer freundlich. Negative Eigenschaften projiziert er jedoch gerne auf den Konfliktpartner. Spricht man den Konflikt an, erntet man höchstens freundlich lächelnd ein: „Ich weiß gar nicht, was du schon wieder hast?" Das Unausgesprochene nagt lautlos weiter an der Beziehung.

Übung:

- Welche Begriffe fallen Ihnen spontan zum Thema Konflikt ein?

- Durch welche Erlebnisse ist Ihr heutiges Streitverhalten geprägt?

- Erkennen Sie Konfrontationen rechtzeitig?

- Wie reagieren Sie im Konfliktfall?

Der Konflikt spitzt sich zu!

Vgl.: Friedrich Glasel

Der Widerstand ist eine Vorform des Konfliktes: Verdeckte, stille Widerstände stehen am Anfang, erst in der Folge tritt der offene Protest auf. Ungelöste Themen treten immer wieder an die Oberfläche und führen zu echten Konflikten. Bewusstes Verhalten hilft, den Streit nicht auf die Spitze zu treiben. Das Problem besteht meist darin, dass wir sowohl von uns selbst als auch vom Partner eine falsche Vorstellung haben. Im Streitfall ist die Gefahr groß, sich selbst zu idealisieren und das Vis-à-vis herabzusetzen. Anschuldigungen folgen: „Du verstehst mich nicht!" oder „Der einzige Mensch, der dir wirklich wichtig ist, bist du selbst." Die Lösung des Dilemmas heißt: Verabschieden Sie sich von Annahmen über den anderen.

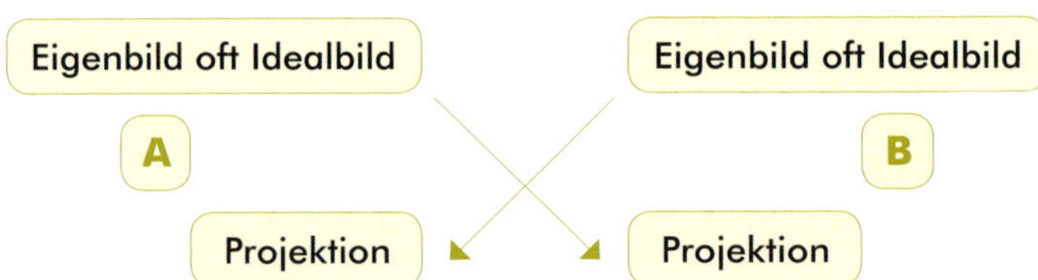

Um einen für alle Beteiligten zufrieden stellenden Konsens zu finden, ist Empathie die wichtigste Voraussetzung – die Fähigkeit, dem Konfliktpartner mit Wertschätzung zu begegnen. Empathie ist die Basis der qualitativ hochwertigen Kommunikation. Sie hilft auch im Gespräch mit Menschen, die selbst nicht gewaltfrei kommunizieren können oder generell aggressiv sind.

Konsensorientiert kommunizieren heißt:
- auf Gefühle achten.
- die Bedürfnisse des anderen herausfinden.
- beobachten statt bewerten.
- bitten statt fordern.
- Übersetzung von Vorwürfen, Beleidigungen und Forderungen in Gefühle und Bedürfnisse.

Das aktive Zuhören spielt hier – wie so oft – eine zentrale Rolle!

Aktives Zuhören bedeutet:
- sich auf den Gesprächspartner konzentrieren und das durch Haltung, Gestik und Mimik ausdrücken.
- die eigene Meinung vorerst zurückhalten.
- Pausen aushalten, sie können ein Zeichen für Unklarheiten, Angst oder Ratlosigkeit sein.
- Geduld haben und nicht unterbrechen.
- sich in den Partner einfühlen.

Jedoch: Zuhören heißt nicht zustimmen!

Die wichtigsten Techniken des aktiven Zuhörens:

Technik	Beispiel	Gefahr
Türöffner ermuntern den anderen, weiterzusprechen.	Nicken, interessiertes „Ja", „Erzähl mir davon."	Zu häufiges Nicken oder Zustimmen wirkt devot. Es wirkt auch ungeduldig und nervös: so, als ob der andere es eilig hätte, wieder zu Wort zu kommen!
Die Paraphrase spiegelt die Inhalte. Wiederholen Sie die Aussage Ihres Gesprächspartners mit eigenen Worten!	„Du denkst also …?" „Es scheint dir, als ob ich …?"	Ein Konfliktpartner kann nicht zugleich als Mediator der Auseinandersetzung fungieren.
Verbalisieren heißt Emotionen spiegeln.	„Du warst ungeduldig?" „Du hattest das Gefühl, ich lass dich im Stich?"	Unterschwellige Schuldzuweisung
Informationsfrage sucht gezielt nach dem Ursprung des Missverständnisses.	„Was hat dich aufgehalten?"; „Wie war dein Plan für heute?"	Verhör

Die zehn Zutaten der Konfliktlösung:

1) Atmen Sie gründlich aus!
2) Betrachten Sie Ihren Konfliktgegner als Konfliktpartner.
3) Formulieren Sie das Problem oder die Streitfrage neu.
4) Sprechen Sie Bedürfnisse, Wünsche und Bedenken ruhig aus.
5) Hören Sie aktiv zu und stellen Sie Fragen.
6) Vermeiden Sie Drohungen und Schuldzuweisungen.
7) Streichen Sie das Wort „aber“ aus Ihrem Wortschatz.
8) Suchen Sie nach einem gemeinsamen Nenner.
9) Schlagen Sie Alternativen für eine Lösung vor.
10) Verändern Sie etwas, wenn Ihre Vorgehensweise nicht funktioniert.

Gerade in unangenehmen Situationen ist die Versuchung groß, sich diplomatisch herauszureden. Die Konsequenz ist unerfreulich: Zu schnell hat man den Ruf, wenig durchsetzungsstark zu sein.

Hart in der Sache – sanft zur Person!

Sagen Sie deutlich, was Sie erwarten – selbstverständlich höflich, aber bestimmt. Schnell werden Sie feststellen, dass die Menschen Ihnen mit wachsendem Respekt begegnen.

Das liebenswürdige „Nein“

Sagen Sie deutlich und mit fester Stimme „Nein“, wenn Sie das Gefühl haben, dass Ihre persönlichen Grenzen überschritten werden. Doch wenn es nur darum geht, eine Bitte abzuschlagen, wählen Sie die freundliche Form des „Neinsagens“. Jetzt bekommen Sie hilfreiche Tipps, wie sie eine Absage leichter formulieren können, ohne Sympathiepunkte zu verlieren.
Der Chef will wieder einmal, dass Sie länger im Büro bleiben. Oder die Freundin möchte, dass Sie mit auf eine Party gehen. Sie schulden der Kollegin noch einen Babysitter-Dienst? Was aber, wenn Sie gerade keine Zeit oder einfach überhaupt keine Lust haben?

- Werden Sie sich zuerst der Konsequenzen Ihres „Neins“ bewusst! Wenn ich heute dem Chef absage, was bedeutet das für mich kurz-, mittel- bzw. langfristig? Kann ich mir in der augenblicklichen Situation ein „Nein“ leisten?

- Unterscheiden Sie zwischen der bittenden Person und der gewünschten Sache! Sie können ablehnen, ohne den Menschen zu verärgern. „Ich verstehe absolut, dass dir die Feier wichtig ist, auch ich hab mich darauf gefreut. Wir haben nur beide wenig davon, wenn ich vor Müdigkeit einschlafe.“

- Alternativen und Lösungsvorschläge zeigen Ihre Konsensbereitschaft! „Heute war im Büro sehr viel zu tun. Wann ist es nächste Woche für dich sinnvoll, dass ich auf den Kleinen aufpasse?“

Üben Sie anhand der folgenden Sprechstruktur. Dann fällt Ihnen sogar das Nein sagen leicht.

Sprechstruktur	**Beispiel: Ihr achtzehnjähriger Sohn möchte gerne ein eigenes Auto.**
Verständnis für das Anliegen des anderen ausdrücken	„Ich finde auch, es ist wichtig für dich, jetzt im Fahrtraining zu bleiben.“
Kurz die persönliche Situation darstellen	„Ein zweites Auto zu kaufen und zu erhalten ist sehr kostspielig!“
Lösungsalternative oder offene Frage	„Wie kannst du die nötige Fahrpraxis noch bekommen?“

Ihre Hausapotheke ist nun gut gefüllt. Sie wissen, wie Sie Symptome richtig bewerten und welche Mittel die Übelkeit vertreiben. Je früher Sie artikulieren, was Sie wahrnehmen, desto schneller findet sich auch eine Lösung – und sei es auch ein klarer Schnitt zwischen den Konfliktpartnern. Nur der Zustand der Ungewissheit ist kraftraubend.

Männer essen Steak – Frauen Salat!

Selbstverständlich hängt es vom Individuum ab, wie stark „typisch“ weibliche oder männliche Attribute ausgelebt werden. Wenig ist zum Zeitpunkt unserer Geburt festgeschrieben. Ziemlich fix ist, ob wir dieses Leben als Frau oder als Mann meistern müssen. Uns prägen Erwartungen und Normen, wir erleben unterschiedliche Sozialisationen, so wird nachvollziehbar, warum auch die Kommunikation nicht gleich ist. Oft bedeutet das Zündstoff für eine Partnerschaft! In den 1980er Jahren beschrieb Senta Trömel-Pöltz die Eigenschaften von Frauen und Männern in Interaktionen.

Frauen:
- Frauen entfalten beim Sprechen Kreativität.
- Sie unterbrechen einander weniger.
- Sie unterstützen die Kommunikationspartnerin durch Türöffner.
- Empathie fällt Frauen leicht.

Männer:
- Männer messen ihren Status im Gespräch.
- Sie unterbrechen einander häufiger.
- Sie sind verbal schneller aggressiv.
- Sie neigen zu Gesprächsritualen wie Scherzen oder spielerischer Herabsetzung.

Ausnahmen bestätigen auch hier die Regel. Doch wer sich der möglichen Unterschiede im Konfliktfall bewusst ist, dem fällt es leichter, den Partner zu verstehen.

Männliches Konfliktverhalten	**Weibliches Konfliktverhalten**
Zufluchtsort: Nachdenkliches Schweigen, alleine Lösungen finden.	Zufluchtsort: Aussprache, freie Assoziation und Einzelheiten mitteilen, laut denken.
Mögliche Fehlinterpretation: Er blockt, ist rücksichtslos und total egoistisch.	Mögliche Fehlinterpretation: Sie klagt, sie ist außer sich, sie drängelt und attackiert wahllos.
Angstpunkt: Versagen	Angstpunkt: Ablehnung
Analogie: Männer sind wie Gummibänder – sie pendeln zwischen Nähe und Autonomie.	Analogie: Frauen sind wie Wellen – intensiv spüren sie Höhenflüge und existentiell die Talsohlen.
Selbstdefinition: durch Erfolg und die Fähigkeit, etwas Greifbares hervorzubringen.	Selbstdefinition: durch Gefühle und die Qualität der Beziehungen.

(Vgl. John Gray, „Männer stammen vom Mars, Frauen von der Venus" , 1998)

Diätplan Tag 18

Rezeptvorschlag: Frühstück

Beantworten Sie folgende Fragen!

- Welcher Konflikt-Typus bringt Sie besonders auf die Palme?
- Welcher der beschriebenen Konflikttypen sind Sie selbst?
- Woran erkennen Sie Ihren Point of no Return im Streit?

Rezeptvorschlag: Mittagessen	**Beispiele:**
Formulieren Sie diese Anschuldigungen in Ich-Formulierungen um: „Du bist nie pünktlich!" „Sogar deine Mutter war sich sicher, dass du an diesem Vorhaben scheitern wirst!" „Merkst du nicht, wie die Kinder leiden?" „Warum lernst du nicht endlich, mit dem Computerprogramm richtig umzugehen?" „Du kannst wohl nicht leben, wenn du nicht immer meine ungeteilte Aufmerksamkeit hast." „So kann es ja wohl nicht weitergehen."	**Anschuldigung:** *„Nichts ist dir recht!"* **Ich-Formulierung:** *„Ich bemühe mich so und trotzdem finde ich nicht heraus, was du wirklich willst!"*

Rezeptvorschlag: Abendessen

Üben Sie, freundlich „Nein" zu sagen!

Situation 1: Ihre Nachbarin bittet Sie, die nächsten vier Wochen täglich nach der Wohnung zu sehen.

Situation 2: Ein Freund möchte mit Ihnen auf Urlaub fahren, Sie fürchten, dass die Freundschaft dadurch leiden würde.

19. Tag
Die Waage zeigt Ihren Erfolg:

Sie wissen, wo die Ursache eines Konfliktes liegen kann

Sie haben sich mit den Konflikttypen auseinandergesetzt

Konsensorientierte Gesprächsführung ist Ihnen vertraut

Geben Sie dem Jo-Jo-Effekt keine Chance!

19. Kapitel
Tatjana Lackner

Dieser berühmt-berüchtigte Effekt taucht oft nach einer Diät auf. Man nimmt die abgenommenen Kilos sehr schnell wieder zu, manchmal sogar noch ein paar mehr. Das Gewicht pendelt nach unten und wieder nach oben – wie ein Jo-Jo.

Bewegung ist die Lösung – auch bei unserer Redediät. Sie haben in den letzten 18 Tagen viel Redespeck abgebaut und sich auf das reduziert, was zu sagen ist. Ihr Gehirn soll auch weiter gut trainiert werden, um in Schwung zu bleiben. Andernfalls lässt Sie das Rede-Jo-Jo bald wieder im eigenen Gedankensaft braten und altbekannte Füllworte verwenden. Spannende Gesprächspartner sind vor allem Menschen, die viel wissen und schnell kombinieren.

Warum ist Kreativität für die Rhetorik wichtig?

Wer Neues schöpft, ist kreativ tätig. Voraussetzung für Kreativität ist die Fähigkeit, Dinge frei kombinieren oder auch entwickeln zu können. Gute Redner sind schlagfertig, assoziationsstark und fantasievoll. Die Grundlage dafür ist Kreativität und Mut. In diesem Kapitel erfahren Sie, wie Sie Kreativität spielerisch aufbauen und dabei auch noch Ihre Sprache trainieren. Versuchen Sie, die angegebene Übungszeit einzuhalten!

Praktische Kreativität

Kreativität hat viele Gesichter. Jeder, der ein Kind großzieht, ist kreativ. Ein Lehrer, dessen Unterricht interessant sein soll, muss kreativ sein. Die Redakteurin, die sich Gedanken macht, wie sie das Interesse ihrer Leser weckt, muss Ideen haben. Sie waren bestimmt schon hunderte Male kreativ und haben es gar nicht wahrgenommen. Kreativität hängt ab von

- **persönlicher Einstellung**
- **Offenheit und Flexibilität**
- **Risikobereitschaft**

Der praktische Schöpfergeist zeichnet sich durch ungewöhnliche Strategien aus. In der Vergangenheit entwickelten sich dadurch völlig neue Gesellschaftsformen. Neue Lösungswege können Fortschritt bedeuten: Anfang des 20. Jahrhunderts erlebten die Menschen den Übergang von der Handarbeit zur Fabrikarbeit. Maschinelle Produktion stand im Vordergrund dieser **Industriegesellschaft.** In den 70er Jahren war die Zeit der rauchenden Schlote, der Massenproduktion und monotonen Handarbeit vorbei. Die praktische Kreativität brachte die Menschen in die **Dienstleistungsgesellschaft**, weg von den produzierenden Sektoren hin zu Berufen wie Automechaniker, Monteur, Verkäufer ... Formeln wie: „Dienen und Leisten", „Der Kunde ist König", aber auch Probleme wie die Landflucht prägten diese Zeit.

Die Zukunft gehört, wenn man Trendforschern glauben will, der **Wissensgesellschaft**, einer Gesellschaft, die sich durch „intelligente und saubere" Jobs auszeichnet. Der Mensch der Wissensgesellschaft muss sich immer weiter bilden, vorhandenes Wissen wird schnell obsolet. Aus dem Bildungsschlagwort „Lernen fürs Leben", mit dem viele von uns noch aufgewachsen sind, ist längst der Begriff des „lebenslangen Lernens" geworden.
(Vgl.: http://jendryschik.de/michael/inf/wissensgesellschaft/menschen)

Künstlerische Kreativität

Die künstlerische Kreativität spiegelt sich in außergewöhnlichen Bildern, Musikstücken, Designvorschlägen und Architekturbeiträgen wieder. Auch hier spielt der Fortschritt eine wesentliche Rolle. Neue Technologien bringen unbekannte Perspektiven in die Kunst. Viele Künstler schaffen dadurch moderne Sichtweisen und Zugänge. Das letzte Jahrhundert ist voll mit Belegen der künstlerischen Kreativität und technischen Innovation: Ein gutes Beispiel ist Elvis Presley (1935–1977). Rock ‚n' Roll gab es schon lange vor seiner Zeit und dennoch hat Elvis diese Musikrichtung geprägt und wird als „King of Rock ‚n' Roll" damit assoziiert. Es war eine Zeit, in der die Beatles und viele andere erfolgreiche neue Gruppen den Markt überschwemmten. Elvis musste also innovativ sein, Mut beweisen und sich einen technischen Vorsprung verschaffen: Sowohl sein gewaltiges Comeback 1968, bei dem er einer der Ersten war, die jemals „unplugged" auftraten, als auch sein sensationelles Konzert auf Hawaii, das via Satellit in die ganze Welt übertragen wurde, verhalfen ihm zu einem neuerlichen Höhenflug. Dieses erste Satellitenkonzert der Geschichte sah mehr als ein Drittel der Weltbevölkerung – mehr Menschen als die erste Mondlandung verfolgten. Kreativität ist die Grundlage für künstlerisches Schaffen, Fortschritt und Erfolg – eine „intelligente" Sonderform der Produktivität. Darum dient Kreativität im Umkehrschritt als einer der Indikatoren für Intelligenz.

Spiel mit dem Essen!

Lesen Sie die folgenden Zeilen laut. Nennen Sie die Farbe, in der die Frucht geschrieben steht, anstatt des Wortes. Steht dort „Kirsche" in grauer Farbe, dann sagen Sie „grau". Versuchen Sie, den Text möglichst flüssig zu lesen!

Apfel Banane **Kirsche** Zitrone **Orange** Kirsche **Pflaume**
Zitrone **Banane** Kirsche **Pflaume** Orange **Banane** Apfel
Apfel Banane **Kirsche** Zitrone **Orange** Kirsche **Pflaume**

Regelmäßiges Fitnesstraining für Ihre grauen Zellen hat viele Vorteile: Sie werden schlagfertiger, merken sich mehr, denken schneller und konzentrierter. Einige Minuten täglich reichen aus, um das Denkvermögen zu steigern. Es gibt eine Reihe guter Lern-, Gedächtnis-, Wort- und Zeichenspiele. Auch Denk- und Merkaufgaben machen Spaß. Machen Sie mehr aus Ihrem Gedächtnis!

Fitness fürs Gehirn

Diese Übungen lassen unser Gehirn turnen. Schauen Sie dabei auf die Uhr! Mindestens zehn Städte sollten Ihnen in einer Minute einfallen! Finden Sie mit dem letzten Buchstaben einer genannten Stadt eine neue!

Beispiel: *München - Nürnberg - Graz - Zürich - Hannover - R …*

Das Buchstabenspiel eignet sich gut, um sprachlich und gedanklich schneller zu werden. Wichtig ist nicht, wie intellektuell fordernd diese Übung ist, sondern wie kreativ Sie unter Zeitdruck sind. Spontaneität ist trainierbar! Mehr Gehirnjogging wartet auf Sie im folgenden Sprachspiel:

Diesmal sollen Sie mit dem letzten Buchstaben des vorangegangenen Wortes einen neuen Markennamen (Kaufhausketten, Produktnamen, Modelabel …) finden. Sie haben wieder 60 Sekunden Zeit! Finden Sie auch hier mindestens zehn Firmen- oder Produktnamen?

Beispiel: *Cola - Astor - Rolex - Xantia - Amstel - L …*

Ganz anders sind die folgenden Übungen. Unser Geist turnt auch, wenn wir Dinge suchen und entdecken. Unter den acht Begriffen befindet sich je ein Begriff, der logisch nicht dazu gehört. Welcher ist es?

Beispiel: *Welcher Vogel kann nicht fliegen?* (Lösungen: www.sprechen.com)

Sperber	Storch	Amsel	Drossel
Fink	Strauß	Krähe	Star

Welches ist kein italienisches Nudelgericht?

Spagetti	Gnocchi	Tagliatelle	Lasagne
Maccaroni	Spätzle	Penne	Ravioli

Welcher der genannten Begriffe ist keine Pflanze?

Alge	Koralle	Schwamm	Seestern
Schilf	Farn	Gras	Moos

Welches ist kein Steinobst?

Marille	Pfirsich	Zwetschke	Pflaume
Kirsche	Apfel	Weichsel	Ringlotte

Welcher der genannten Begriffe ist keine Nuss?

Walnuss	Haselnuss	Erdnuss	Pistazie
Cashew	Mandel	Kürbiskern	Kastanie

Welches ist kein Speiseöl?

Kürbiskernöl	Olivenöl	Maiskeimöl	Sonnenblumenöl
Mohnöl	Distelöl	Rapsöl	Rizinusöl

Welches ist kein Säugetier?

Hund	Katze	Blindschleiche	Delfin
Hamster	Igel	Wal	Fledermaus

Welche ist keine Viruserkrankung?

Grippe	Polio	Röteln	Mumps
Maul- u. Klauenseuche	Hepatitis	Borreliose	Masern

Eine gute Möglichkeit, Schlagfertigkeit zu trainieren, sind die Nonsensreden. Der Inhalt ist fürs Erste nicht so wichtig. **Nonsensreden** haben vor allem den Zweck kreative Antworten zu finden. Gestalten Sie die Rede frei und lassen Sie sich nicht durch herkömmliche 08/15-Aussagen einschränken. Ihr Mut und Ihre Fähigkeit zur Assoziation sind gefragt. Wählen Sie aus dieser Themenliste eine Frage aus. Sie haben 60 Sekunden Zeit, um Ihre Antwort zu formulieren:

Übung:

- Was fühlt ein Schmetterling im Bauch, wenn er verliebt ist?
- Was zählen Schafe, wenn sie einschlafen wollen?
- Gibt es in einer Teefabrik Kaffeepausen?
- Warum trägt ein Kamikazepilot einen Helm?
- Warum gibt es Whiskas-Huhn, -Fisch und -Rind, aber kein Whiskas-Maus?
- Wenn ein Schizophrener mit Selbstmord droht – ist das dann eine Geiselnahme?
- Ist eine volle Harddisk schwerer als eine leere?
- Warum werden Zigaretten an Tankstellen verkauft, genau dort, wo das Rauchen verboten ist?
- Wenn Autofahren verboten ist, nachdem man etwas getrunken hat, warum haben Bars und Kneipen Parkplätze?
- Wenn ein Laden 24 Stunden am Tag an 365 Tagen im Jahr geöffnet hat, warum hat er dann ein Schloss an der Tür?
- Warum ist „einsilbig" dreisilbig?
- Wenn Schwimmen schlank macht, was machen Blauwale falsch?
- Wie packt man Styroporkügelchen ein, wenn man sie verschickt?
- Was passiert, nachdem man sich zwei Mal halb tot gelacht hat?
- Warum laufen Nasen, während Füße riechen?
- Wenn die so Genannte „Black Box" eines Flugzeugs unzerstörbar ist, wieso baut man dann nicht das ganze Flugzeug aus dem Material?
- Warum verwendet man bei Injektionen zur Todesstrafe sterilisierte Nadeln?
- Eine Thermoskanne hält im Winter warm und im Sommer kalt. Doch woher weiß sie, wann Sommer und wann Winter ist?

Übung: Trainieren Sie Ihre **Auffassungsgabe** und **Konzentrationsfähigkeit**. Lesen Sie zügig, laut und deutlich die folgenden Wörter. Anstelle der Ziffern: 1,2,3 sollen die Umlaute: ä, ö und ü verwendet werden. **ä = 1, ö = 2, ü = 3**

B3rste,	K3bel	Verz2gern	dr3ben,	Kost3m	g1hnen
R1der	R3ssel	R1tsel	V2gel	M1rchen	B3gel
Z3gel	L2we	Ger1te	gr3beln	W1chter	B3cher
B3sche	Br3der	W1sche	R2mer	b2se	B1der
Z3ge	H3gel	M1dchen	Bl2dsinn	W3nsche	G3rtel
R3be	G1nse	G1rtner	Sekret1rin	m2glich	L2sung
M3nschen	K2rper	M3hle	W3rmer	l1cheln	M2bel

Na, mitgezählt? Gab es Versprecher?
(Vgl.: http://www.golonglife.de/01_2001/gehirnjogging.htm)

Wortschatzübung:

Übung: Sie haben 60 Sekunden Zeit. Wie viele Blau-Töne fallen Ihnen ein?
Beispiel: ***Marine-blau***

Übung: Notieren Sie nun ebenfalls innerhalb von 60 Sekunden möglichst viele Dinge, die in gelber Farbe typisch sind.
Beispiel: ***Zitrone***

Übung: Überlegen Sie sich ein längeres Wort. Dann schreiben Sie es in Blockbuchstaben auf. Wie viele Wörter können Sie aus den Buchstaben bilden?
Beispiel: ***SONNTAGNACHMITTAGE***

Nein *Gast* *nett* *hinten* *So*
Gott *Nonne* *Mitte* *Tonne* *Gage*
Sohn *Gag* *Teich* *mein* *Tim*
Tom *Sage* *Magen* *nagen* *Schnitt*

Jetzt sind Sie dran, überlegen Sie sich ein längeres Wort. Wie viele neue Wörter können Sie aus den vorhandenen Buchstaben bilden?

Gustieren Sie mit den Augen!

Wir essen mit den Augen und sind durch optische Eindrücke in unserer Stimmung stark beeinflussbar. Auf der Aussichtsplattform des Empire State Building mit atemberaubendem Ausblick über die Dächer von New York empfinden Sie eine andere Form der Freiheit, als nach einer Arbeitswoche in der U-Bahn auf dem Heimweg. Dass wir durch Bilder stark berührbar sind, hilft uns in unserer geistigen Entwicklung. Horizonterweiterung bedeutet, die Scheuklappen gegen den Panoramablick einzutauschen. Nur wer weit genug vorausschaut, kann kreativ sein, innovativ denken und spannend erzählen.

Wie Sie Ihren Horizont erweitern …

Blickwinkel vergrößern

Mit einem Weitwinkelobjektiv erzielen Sie beim Blick durch die Linse Ihres Fotoapparates andere Bilder, als mit einem Telezoom. Genauso ist es mit Ihrem Horizont: Als Generalist haben Sie eine weitere, aber oberflächlichere Wissensstreuung denn als Spezialist, der nur auf seinem Interessensgebiet konkret Bescheid weiß. Eine Kombination aus beidem ist in der Wissensgesellschaft gefragt.

Wir bestehen aus: • Körper • Seele • Geist

Körperliches Bewusstsein ist eine gute Grundlage für die Gesundheit. Sie haben schon unterschiedliche Sportarten ausprobiert? Fein. Abwechslung heißt die Zauberformel:

- Überraschen Sie Ihren Körper mit einem ausgefallenen Bewegungsprogramm
- Genießen Sie Wellness, wie Massagen, Wärme- und Lichttherapien …
- Gesunde kulinarische Neuheiten können Ihren Körper anregen.
- Die Stimme ist Teil Ihres Körpers. Machen Sie regelmäßig Atem- und Artikulationstraining.

Sportliche Ertüchtigung hat viele Gesichter. Welche Disziplin reizt Sie?

Hatha Yoga Rückenmuskulatur und Wirbelsäule profitieren; gut geeignet für Sportanfänger, Schwangere und Menschen mit psychosomatischen Beschwerden	**Theatersport/ Improvisation** Spielerisch Mut aufbauen und in vorgegebenen Situationen spontan zu improvisieren, macht viel Spaß und stärkt das Selbstvertrauen ganz nebenbei.	**Ausdruckstanz** Im Mittelpunkt steht Experimentieren mit eigenen Choreografien.

Thai-Chi Ziel sind Körperbeherrschung und Entspannung. Haltungsfehler können korrigiert werden.	**Stimmbildung/Phonetik** [Verweis auf Kapitel: Stimme]	**Diätetik** Hippokrates forderte: „Die Nahrungsmittel sollen unsere Heilmittel – und die Heilmittel unsere Nahrungsmittel sein." Grundsätze der Vollwerternährung:
Qi Gong Ist eine der fünf Säulen der traditionellen chinesischen Medizin und gut für ältere bzw. nicht ganz rüstige Menschen. Die Übungen sind einfach. Ziel ist, Körper und Geist zu sammeln und innere Spannungen abzubauen	**Atemtechnik/Feldenkrais** Bewegungen sollen bei weitgehend entspannten Muskeln im Liegen ausgeführt werden. Die Tiefatmung hilft gegen Kurzatmigkeit, Verspannungen	**Wasserball** Verbindet auf perfekte Weise Schwimmen und Ballsport (ist die älteste olympische Mannschaftssportart, jedoch kein Kampfsport).
Eutonie Lässt sich mit „Wohlspannung" übersetzen. Übungen mit Bällen, Stäben und Eutoniehölzern helfen bei Rückenschmerzen, Nervosität, Schlafstörungen, Muskelverspannungen …	**Kinesiologie** Energetische Blockaden werden durch den Muskeltest festgestellt. Es wird mit Meridianen und Körperenergien gearbeitet. Auf diese Weise sollen sich auch homöopathische Medikamente identifizieren lassen, mit denen eine Krankheit behandelt werden kann …	**Jonglieren** Verbessert die Konzentrations- und Bewegungsgenauigkeit, peripheres Sehen wird geschärft, Feinmotorik gestärkt …

Sich mit den eigenen physischen Grenzen mittels neuer Impulse auseinander zu setzen, ist als Ergänzung zum beruflichen Alltag nötig. Ihr Körper liebt Bewegung! Der Mensch besteht aber nicht aus dem Körper allein. Auch die Hygiene der Seele ist hilfreich beim persönlichen Wachstum. Wir brauchen zu unserer lauten, nach außen orientierten Welt einen leisen Gegenpol: **seelisches Bewusstsein.**
Die Landschaft unseres Inneren zu erforschen und psychische Abläufe in uns zu verstehen, gehört zu einem erfüllten Leben. Auch für dieses Abenteuer ist es nicht nötig, eigens Kurse zu besuchen. Jeder Mensch kann innehalten, immer und überall, ganz ohne Anleitung. Manchmal jedoch hilft ein Seminar, sich schneller in ein spirituelles Thema hineinzuleben. Viele Menschen decken dieses spirituelle Bedürfnis immer noch mit den herkömmlichen Angeboten der unterschiedlichen Religionen ab. Wofür entscheiden Sie sich?

Die folgende Liste dient zur Anregung:

Autogenes Training Sie sollten diese Entspannungstechnik unter Anleitung eines erfahrenen Trainers erlernen, sonst schleichen sich Fehler ein. Durch Suggestion und Vorstellungskraft kann ein Gefühl der Entspannung auch selbst (autogen) herbeigeführt werden.	**Existenzanalyse/ Logotherapie** „Dritte Wiener Richtung der Psychotherapie", eine sinnzentrierte Psychotherapierichtung; hilft dem Patienten, Hemmungen und Blockaden, die ihn im Prozess seiner Sinnsuche behindern, zu erkennen und zu bewältigen.	**Rückführung** Alle Erfahrungen, die der Mensch im Laufe eines Lebens macht, werden im Unterbewusstsein gespeichert. Daher ist es möglich, sie dem Bewusstsein auch wieder zugänglich zu machen.
Schamanismus Ältestes der Menschheit bekannte Heilungssystem. Setzt den Erfahrungsschatz vieler Generationen, und die Heilkräfte der Natur zum Wohl der Menschheit ein.	**Supervision** richtet sich an Einzelpersonen oder Teams, die ihr berufliches Handeln reflektieren möchten. Ziel ist die Verbesserung der Arbeitssituation.	**Familienaufstellung** Soll eine Ergänzung zu anderen Therapien sein. Sie bemüht sich um Klarheit über die Verstrickungen in der eigenen Familie, um dadurch mögliche Lösungen zu erhalten.
Biofeedback Basiert auf dem Sichtbarmachen physiologischer Prozesse, die von den Sinnesorganen nicht oder kaum wahrnehmbar sind. Physiologische Prozesse werden mit Hilfe technischer Apparaturen aufgezeichnet und sichtbar gemacht.	**Kreativ- und Kunsttherapie** Fördert den bildhaften Ausdruck des seelischen Geschehens. In der Maltherapie oder der Arbeit mit Ton werden Muster des Wahrnehmens, Denkens, Vorstellens, Fühlens und Handelns erkennbar.	**Exerzitien** Exerzitienhäuser (Klöster ...) bieten die Möglichkeit, unter Anleitung zur Ruhe zu kommen und zu erkennen, was im Leben entscheidend ist. Ziel ist immer eine neue Orientierung und Ausrichtung.
Ihre Ideen:		

(Vgl.: http://www.aok.de/bund/rd/136204.htm)

Wir werden von unseren Gefühlen geleitet. Von Zeit zu Zeit ist es sinnvoll, sich mit seinen Empfindungen zu konfrontieren. Wie bei der körperlichen Bewegung gilt auch hier: Wechseln Sie die Themen ab und dosieren Sie spirituelle Übungen nach Ihrem persönlichen Wohlgefühl. Es gibt neben den von uns vorgeschlagenen Themenbereichen noch weitere interessante Gebiete, die einen Besuch wert sind.

Perspektive verändern

Die Welt ist größer als der Ausschnitt, den wir gerade erleben und für so wesentlich halten. „Reisen erweitert den Horizont" war sich der große Goethe sicher. Man muss jedoch erst den Horizont fürs Reisen haben. Mentales Bewusstsein hat heute kaum noch etwas mit den verlangten Antworten bei TV-Quizshows zu tun, vielmehr mit der Fähigkeit, Wissen zu verknüpfen und sich rasch Informationen beschaffen zu können. Was nützt es, viel und weit zu reisen, wenn man keine Ahnung von den Prägungen unterschiedlicher Kulturen und aktuellen politischen Zuständen hat? Die Perspektive bestimmt die Sichtweise auf Ereignisse und Menschen. Betrachten Sie ein Land vom Flugzeug aus, werden Ihnen andere Dinge auffallen als aus der Froschperspektive. Hin und wieder macht es Spaß, die eigene Sehachse zu trainieren und die Perspektive zu wechseln. Helfen können Ihnen dabei wieder unterschiedliche Gebiete:

Themen-Fotografie Aufgabe ist es, zu vorgegebene Themen zu fotografieren und einfache Elemente der Bildgestaltung anzuwenden.	**Bildungsreisen** Kultururlauber sind Reisende, für die das Kulturmotiv im Zentrum ihres Urlaubs steht. Wissensdurstige Entdecker naher und ferner Länder und Kulturen.	**Literaturwerkstatt** Beschäftigung mit unterschiedlichen Aspekten der Textgestaltung. Verschiedene Autoren und das eigene Schreiben werden diskutiert.
Karikaturzeichnen Man muss kein guter Zeichner sein, um die Grundlagen visueller Kommunikation umzusetzen und sich mit seiner eigenen Fantasie auseinander zu setzen.	**Eigenmarketing** Für Personen, die ihr Auftreten und Image optimieren wollen. Eigene Stärken und Schwächen werden in Seminaren analysiert. Sie lernen Maßnahmen, um Ihre Persönlichkeit ins rechte Licht zu rücken.	**Trends** Was bedeuten Trends? Wie kann man erkennen, welche Trends aktuell sind, welche kommen und welche langlebig sind? Ziel ist, die „Zukunftskompetenz" zu verbessern und gesellschaftspolitische Zusammenhänge zu erkennen.

Design Erfahren Sie die Grundlagen und Qualitätskriterien für gutes Design. Der persönliche Wohnraum ist Mittelpunkt des Lebens, gesellschaftlicher Treffpunkt, aber auch Ort der Ruhe und Entspannung.	**Zeit- und Stressmanagement** Erlernen von Methoden, die einen bewussten Umgang mit persönlicher Energie und Zeit ermöglichen. Erkennen und Ausschalten von stressauslösenden Faktoren sind für eine gesunde „Work-Life"-Balance wichtig.	**Denkmethoden** Lern- und Kreativitätsmethoden erhöhen die Leistungsfähigkeit. Assoziatives Denken, vernetzen und unter Stress logisch denken werden geübt.
Kreatives Schreiben Schreiben kann man lernen. Wichtig ist, Inhalte klar und korrekt zu formulieren, damit der Leser den Inhalt erfassen kann.	**Internationale Politik** Hintergründe werden beleuchtet und erklärt. Historische, kulturelle, soziale, wirtschaftliche, religiöse, aber auch ideologische Triebkräfte und Zusammenhänge werden erforscht.	**Rhetorik auf Englisch** Auch in der Fremdsprache ist es wichtig zu wissen, wie man ein Statement formuliert. Rhetorische Finessen helfen, bei Gesprächen zu punkten. Vokabeltraining, Grammatiksicherheit und Aussprache allein machen noch keinen guten Rhetoriker.

Diätplan Tag 19

Rezeptvorschlag: Frühstück	**Beispiel:**
Sie haben 60 Sekunden Zeit. Wie viele Tiere fallen Ihnen mit dem Anfangsbuchstaben:„S“ ein? Zählen Sie Ihre Antworten! • 0 – 5 Antworten — mäßig • 5 – 10 Antworten — gut • mehr als 10 Antworten — perfekt	Tiere, die mit dem Buchstaben „B“ beginnen: *Bär, Blauwall, Biber, Borkenkäfer, Biene …*

Rezeptvorschlag: Mittagessen	**Beispiel:**
Wie viele Wörter können Sie aus Ihrem Namen (Vorname oder Nachname) bilden? __________ __________ __________ __________ __________ __________	**Roland:** *Rand, da, Rad, na, Nora, Dora, Lora, Don, Dan, Lord, Nord …* **Brigitte:** *Bein, Igitt, ritt, rein, Brie, rieb, Trieb, gib, Teig, Bitte, reib, breit … …*

Rezeptvorschlag: Abendessen	**Beispiel:**
Was kann man mit einer Büroklammer alles machen? — Was nicht? __________ __________ __________ __________ __________ __________ __________ __________	**Was man damit machen kann:** *Papier klammern, etwas durchbohren, Nägel putzen …* **Was nicht:** *fotografieren, telefonieren, zahlen*

20. Tag
Die Waage zeigt Ihren Erfolg:

Sie machen Gehirnjogging als Training für Schlagfertigkeit

Wortschatzübungen erleichtern Ihnen das Sprechdenken

Sie ergänzen seelisches Bewusstsein mit Körperbewusstsein

Widerstehen Sie der Versuchung: Wirksame Mittel gegen Manipulation

20. Kapitel
Nika Triebe

Jeder, der schon mal eine Diät gemacht hat, weiß, wie schwer es ist, den Versuchungen des Alltags zu widerstehen. Der feste Wille ist da, doch allein der Geruch von Köstlichkeiten bringt so manchen Abspeckwilligen ins Schwanken. Je bewusster und disziplinierter ein Mensch ist, umso leichter fällt es ihm, die Ratio einzuschalten und der Sünde zu entsagen. Auch in der Kommunikation werden wir in Versuchung geführt. Der Philosoph Ludwig Wittgenstein war sogar der Überzeugung: „Sprache verhext den Geist." Manipulation an und für sich ist nicht negativ. Die direkte Übersetzung des lateinischen Wortes lautet „Kunstgriff". Erst durch die verführerische Absicht wird die unfaire Dialektik zur Waffe. Ziel ist, den Willen des anderen ins Wanken zu bringen. Je schneller Sie erkennen, mit welchen Methoden Sie beeinflusst werden, desto früher und geschickter können Sie Widerstand leisten.

Tappen Sie nicht in die Instinkt-Falle!

Viel hat sich nicht geändert seit der Steinzeit! Unser Handeln und Denken wird immer noch stark von den Instinkten beeinflusst. Genau diese Tatsache macht sich die Rabulistik (= unfaire Rhetorik) zu Nutze. Der Instinkt fängt Feuer und die Ratio wird schachmatt gesetzt. Im Pendeln zwischen Wunsch und Vermeidung sind wir leicht zu manipulieren. Die Psychologie unterscheidet verschiedene Instinktbereiche. Manipulierbar sind Menschen besonders in den Bereichen:

- Angst und Sicherheit
- Jagen und Sammeln
- Sex
- Status
- Mitgefühl und Sozialverhalten

Besonders leicht ist die Manipulation durch einen Appell an die Instinkte im Marketing aufzudecken.

Beispiel:
Menschen werden zum Sammeln verführt durch Bonusmeilen, Sammelbilder und Kundenkarten.
Raffinierter können die Manipulationsversuche im Gespräch sein!

Angst und Sicherheit

Technik	Beispiel	Mögliche Reaktion
Die schreckliche Konsequenz	„Wenn Sie nicht jedes Jahr zur Vorsorge-Untersuchung gehen, kann ich Ihnen nicht garantieren, dass …"	„Garantieren können Sie mir ewige Gesundheit in keinem Fall!"
Die letzte Gelegenheit	„Rufen Sie jetzt an und kaufen Sie noch heute, es gibt nur mehr 15 Stück!"	„Glaube ich nicht!"
Das Versprechen	„Das Zertifikat zeigt deutlich, diese Matratze ist das Beste für Ihren Körper."	Präzisionstrichter (*siehe S.184*)
Der Hinweis auf die falschen Werte	„Hunderte Euro werden jedes Jahr für Dinge ausgegeben, die niemand wirklich braucht. Doch an die Gesundheit denken die meisten erst, wenn es zu spät ist."	„Wie kommen Sie auf die Idee, dass das auch auf mich zutrifft?"

Jäger und Sammler

Technik	Beispiel	Mögliche Reaktion
Die Herausforderung	„Bis Ende des Monats sollten wir 200 Neukunden akquiriert haben. Das wirst du alleine nicht schaffen!"	„Wie würdest du es denn angehen?"
Die Suggestion	„Möchten Sie nicht auch Steuern sparen? Wäre es nicht schön, wenn sich das Geld, ohne dass Sie einen Finger rühren von Jahr zu Jahr vermehrt?	„Haben Sie eine Vorliebe für Suggestivfragen?"
Der Mehrwert	„Wenn Sie noch vor 31.12. abschließen, bekommen Sie noch die gesamte Prämie!"	„Ihr Angebot ist auch heute schon wenig attraktiv für mich."

Sex

Technik	Beispiel	Mögliche Reaktion
Attraktivität	„Dieses Parfum enthält Pheromone, kein Mann kann Ihnen dann mehr widerstehen!"	„Schrecklicher Gedanke!"
Schmeichelei	„Diese Augen erkennen doch Qualität!"	„Ja, die Qualität eines seriösen Verkäufers!"
Die Belohnung	„Bei vielen Paaren hat so ein Wellness-Aufenthalt wahre Wunder gewirkt!"	„Was wollen Sie damit sagen?"
Herabsetzung	„Wenn du dich so verhältst, wirst du nie heiraten!"	„Was, meinst du, verpasse ich dadurch? Hat dich die Ehe so glücklich gemacht?"

Status

Technik	Beispiel	Mögliche Reaktion
Hinhaltetaktik	„Ich weiß, Sie brauchen rasch eine Entscheidung, doch die liegt bei der Frau Direktor."	„Wann wird Ihre Chefin mich zurückrufen?"
Name Dropping	„Ich werde mal mit meiner Freundin sprechen, sie ist CEO, mal schauen was wir dann machen können."	„Ich glaube nicht an solche Seilschaften."
Die Kompetenz-Falle	„Mir gefällt Ihre ambitionierte Herangehensweise, doch Ihnen fehlt einfach die Erfahrung."	„Oh, haben Sie so wenig Vertrauen in mich?" „Welche Erfahrung meinen Sie konkret?"
Drohung	„Wenn Ihnen etwas an Ihrem Arbeitsplatz in diesem Unternehmen liegt, muss ich Ihre Bereitschaft, mal Überstunden zu machen, schon sehen können!"	Die Drohung übergehen: „Wie schaut Ihr Zeitplan aus?"
Die Beschämung	„Ihr Vorgänger hat gerade in diesem Bereich hohe Kompetenz bewiesen. Ihren Bewerbungsunterlagen haben wir entnommen, dass Sie dem um nichts nachstehen. Jetzt schaut es aber gar nicht mehr so aus!"	Wechsel auf die Metaebene *(siehe S. 184)*
Gesichtsverlust	Du hast gesagt, dass du bis Ende des Monats die Verträge unter Dach und Fach hast!"	Präzisionstrichter *(siehe S. 184)*

Mitgefühl und Sozialverhalten

Technik	Beispiel	Mögliche Reaktion
Gruppen-Druck	„In der Partei werden solche Alleingänge nicht gern gesehen …"	„Nur einer kann das Tor schießen, das die Mannschaft weiterbringt."
Liebesentzug	„Dein Verhalten macht mich sehr traurig."	Präzisionstrichter *(siehe S. 184)*
Szenarien	„Stellen Sie sich vor, Sie wären in dieser schrecklichen Situation. Würden Sie sich nicht auch wünschen, dass jemand an Sie denkt?"	„Sie haben eine interessante Taktik!" Oder: „Stellen Sie sich vor, ich kenne Menschen, die in dieser Situation waren. Die haben ganz anders agiert!"
Gemeinsam sind wir stark	„Wir haben doch das gleiche Ziel! Sie wollen die besten Jahresergebnisse, wie ich auch. Ich habe bereits meinen Urlaub verschoben, denn was wir wirklich wollen, werden wir auch erreichen."	„Vielleicht erreichen wir unser Ziel auch dann, wenn Sie nicht auf Ihren Urlaub verzichten und ich meine Familie zumindest zweimal pro Woche sehe? Was halten Sie von folgender Strategie?"
Die Revanche	„Ich hatte fix damit gerechnet, dass du mich in der Sache unterstützt. Immerhin habe ich vor zwei Jahren auch meinen guten Namen dafür eingesetzt, dass du in den Club aufgenommen wirst."	„Inwieweit brauchst du Unterstützung? Stellst du dir vor, dass ich dir einen Kontakt vermittle oder erwartest du, dass ich die Bürgschaft für dich übernehme?"

Killerphrasen und Manipulationstechniken sind, wie Sie an den Beispielen deutlich erkennen, aus dem gleichen Teig geformt. Die wichtigste Voraussetzung für den richtigen Konter ist, die Versuchung zu erkennen. Jetzt heißt es, die eigenen Interessen zu vertreten. Wirksam sind die Methoden, die Sie bereits im Kapitel 15 kennen gelernt haben. Die Reaktionsmöglichkeiten sind beinahe so vielfältig wie die Manipulationstechniken selbst. Den Dietrich, der alle Türen öffnet, gibt es leider nicht. Doch die folgenden Techniken erweitern Ihren Aktionsradius:

Der Wechsel zur Metaebene

Metaebene meint die Kommunikation über die Kommunikation. Sie verlassen gezielt die Sachebene und sprechen an, wie das Gespräch bisher verlaufen ist.

Beispiel: *„Wir sprechen jetzt seit ungefähr zehn Minuten über dieses Thema. Ich habe Ihnen bereits fünf Kriterien dargelegt, die gegen diese Strategie sprechen. Und Sie versuchen unentwegt, mich bei meinem Stolz zu packen und so zu einer potenziellen Fehlentscheidung zu nötigen. Wie wollen wir jetzt weiter vorgehen?"*

Die Taktik ansprechen

Wenn der Manipulationsversuch ganz offensichtlich ist, sprechen Sie die Taktik an.

Beispiel:
„Ah, jetzt stellen Sie schon Suggestivfragen?"
„Verhalten Sie sich Ihrer Meinung nach gerade fair?"
„Ist es Ihnen so wichtig, dass ich heute den Vertrag unterschreibe?"

Der Präzisionstrichter

Benützen Sie den so genannten „Präzisionstrichter", um emotional geladene Situationen wieder auf die Sachebene zu bringen.

Paraphrase: „Sie meinen also ..."
Offene Fragen: „Worum geht es Ihnen eigentlich?"
„Was genau gefällt Ihnen nicht?"
„Wie, denken Sie, ist dieses Problem entstanden?"
Geschlossene Frage: „Sind Sie damit einverstanden, dass wir ..."

Rückfragen auf der persönlichen Ebene

Kompetenz	„Nach welchen Kriterien beurteilen Sie das jetzt?"
Verständnis	„Ich glaube, ich habe Ihren Hinweis nicht richtig verstanden."
Missverständnis	„Der Zusammenhang ist mir nicht ganz klar. Was hat das mit mir zu tun?"
Differenzieren	„Inwieweit brauchst du Unterstützung? Nur einen Kontakt oder stellst du dir vor, dass ich eine Bürgschaft für dich übernehme?"
Vergleich	„Sind Sie überzeugt davon, dass unsere Situationen vergleichbar sind?"
Loben	„Großartig, wie Sie Wünsche beim Kunden wecken!"

Die Techniken zu kennen, ist die eine Sache, sie zu können die andere!

Diätplan Tag 20

Rezeptvorschlag: Frühstück	**Beispiel:**
In jedem steckt ein Täter und ein Opfer, finden Sie die Manipulationstechniken, die Sie selbst schon angewendet haben. Ich manipuliere durch ______________________ Ich manipuliere durch ______________________ Ich manipuliere durch ______________________	*Ich neige dazu, andere durch Liebesentzug zu manipulieren.*

Rezeptvorschlag: Mittagessen
Spielen Sie diese Szene im Kopf durch! *Eine Kollegin meint: „Du kannst jetzt nicht auf halbem Weg umkehren. Ich habe dem Vorstand bereits gesagt, dass du bis Ende des Monats die Verträge unter Dach und Fach hast!"* Mit welchen konkreten Fragen kontern Sie? Der Präzisionstrichter unterstützt Sie dabei!

Rezeptvorschlag: Abendessen	**Beispiel:**
Ein Freund drängt Sie, zu Silvester Taxi für alle zu spielen. „Du trinkst sowieso kaum etwas und die anderen werden das superlieb von dir finden!" Kontern Sie mit Fragen, die auf die persönliche Ebene zielen! Verständnis: ______________________ Loben: ______________________ Differenzieren: ______________________	Missverständnis: *„Meinst du wirklich, dass ich mir die Freundschaft der anderen auf diese Art erkaufen muss?"*

21. Tag
Die Waage zeigt Ihren Erfolg:

Sie erkennen Manipulationsabsichten

Es fällt Ihnen leicht, auf die Metaebene zu wechseln

Der Präzisionstrichter führt Sie zurück auf die Sachebene

Endlich Wunschgewicht: Ihr Auftritt bitte!

21 Kapitel
Tatjana Lackner

Sie haben in den letzten drei Wochen Tipps zur Reduktion von Sprachfett und Anregungen für schlankere Sätze bekommen. In diesem Kapitel geht es darum, wie Sie Ihren Auftritt nach der erfolgreichen Rede-Diät gestalten.
Noch bevor ein Moderator das erste Wort sagt, wird er schon bewertet. Sein Auftritt beginnt bereits, wenn er die Bühne betritt. Fernsehprofis sind meist routiniert, das sagt jedoch noch nichts über die Qualität ihres Auftritts aus. Es gibt viele Beispiele im Fernsehen oder bei Veranstaltungs-Moderationen, die keine optischen Leckereien darstellen. Was machen diese Menschen falsch? Viele von ihnen sind schön, schlank und fit, aber völlig uncharismatisch. Wir leben in einer Gesellschaft, die sich den Schlankheitswahn auf ihre Fahnen geschrieben hat, dabei ist „dünn sein" alleine sicher zu wenig.

- Schön heißt nicht schlank.
- Schlank bedeutet nicht fit.
- Schön und schlank und fit
  bedeutet noch lange nicht erfolgreich!

Es gibt Menschen, die ein Zimmer betreten, wogegen andere „erscheinen". Bewundernde und neidvolle Blicke folgen diesen Persönlichkeiten durch den Raum. Die eigene Inszenierung so zu gestalten, dass Sie auf jedem Parkett eine perfekte Figur machen, ist eine Kunst. „Die ganze Welt ist Bühne, und alle Männer und Frauen sind nur Spieler" sagte Shakespeare, meinte damit aber nicht, dass Sie zum Laienschauspieler werden müssen.

Charisma besteht, wie ein gut gemixter Cocktail, aus mehreren Zutaten, wobei keine unangenehm herausstechen darf. Die Dosierung der Ingredienzien muss auf den jeweiligen Anlass abgestimmt werden, damit sich die gewünschte Wirkung einstellt. Wie eine Bar, die unterschiedliche Zutaten im Sortiment hat, sollten Sie über ein gewisses Sortiment an Verhaltensmustern verfügen, ohne sich selbst untreu zu werden. Natürlichkeit ist die Grundlage des charismatischen Auftritts. Spielen Sie mit Ihren Sinnen, nicht mit Ihren Prinzipien!

Sieben Tipps und Sie wirken

1) sympathisch, aber nicht zu freundlich

Menschen, die sich als Everybody's Darling geben und auf Partys jeden Wangen-küssend begrüßen, sind suspekt. Jeder Mensch hat Ecken und Kanten und sollte sich auch im Verhalten mit anderen um ein klares Profil bemühen. Jedermanns Freund ist oft jedermanns Diener.

2) erotisch, aber nicht vulgär

Menschen mit natürlicher Erotik wirken anziehend. Zu oft wird dieser Begriff heute mit Sex gleichgesetzt. Erotik hat aber wesentlich mehr mit Sexappeal zu tun, also der fantasievollen Erregung des Geistes, nicht des Körpers. Wer mit Worten, Make-up oder Kleidung zu sehr übertreibt und zwanghaft versucht, sexy zu erscheinen, wird als vulgär empfunden.

3) gewagt, aber nicht gewöhnlich

Extravagantes Outfit kann beeindrucken, wenn Figur und Typus zusammenpassen. Halb gewagt ist ganz gewonnen! Zeigen Sie nicht zu viel Haut! Schönheit und Erotik liegen in der Andeutung. Zu viel Dekolletee, nabelfreie Kleidung und Rockschlitze bis zu Taille wirken selten raffiniert.

4) geheimnisvoll, aber nicht selbstverliebt

Menschen, die ihr Herz auf der Zunge tragen, sind nicht geheimnisvoll. Gerne schauen wir hinter Kulissen, wollen Neues entdecken. Wenn uns jemand beim Small Talk schon seine halbe Biografie erzählt hat, macht das meist wenig Hunger auf mehr. Es wirken aber auch die Menschen langweilig, die außer der eigenen Inszenierung wenig Aufregendes zu bieten haben. Manche verirren sich auf ihrem Egotrip, weil sie den Nebel des eigenen Mysteriums nicht mehr durchschauen.

5) verführerisch, aber nicht billig

Verführung ist gewaltfreie Manipulation. Sobald erotische Reize jedoch zu offensiv und nutzenorientiert eingesetzt werden, geht die verführerische Wirkung verloren, das Verhalten wirkt billig.

6) voll Energie, aber nicht übertrieben

Kaum etwas ist langweiliger als Menschen, die ohne Energie sprechen und bei Veranstaltungen kraftlos in der Ecke stehen. Wer allerdings übertreibt und andere mit seiner Vitalität, übertrieben guten Laune oder Angeberei nervt, ist ebenfalls kein Partyknüller.

7) flirtfähig, aber nicht anbiedernd

Flirten ist ein Alltagsphänomen und durchaus nicht immer sexuell motiviert, wie viele fälschlicherweise glauben. Deshalb sind Gewissensbisse dem Partner gegenüber albern. Es gibt schließlich mehrere Arten:

- herzlich-emotionaler Flirt
- egoistisch motivierter Flirt
- Flirt aus Menschenliebe
- gesellschaftlich geforderter Flirt
- sexuell motivierter Flirt

Wichtig ist, dass die Annäherung nicht übertrieben wird. Ähnlich wie beim Small Talk eignen sich nicht alle Themen für ein unverbindliches Schäkern. Flirtkiller sind z. B. schlechte Laune, das Ausbreiten von Problemen – oder Mundgeruch.
(Vgl.: http://www.marcus-damm.de/Publikationen/Flirtenkannjeder_main.htm)

Schenken Sie süße Momente!

Gerade bei wichtigen Veranstaltungen, z. B. dem Firmencocktail oder einem formellen privaten Anlass, bleibt kaum Zeit, mit jedem Anwesenden ausführlich zu reden. Sie sollten es daher schaffen, die kurzen Gesprächs-Sequenzen so zu gestalten, dass sie viel intensiver sind als üblicherweise. Das gelingt Ihnen nicht nur mittels Blickkontakt, sondern auch durch sinnliche Sprechweise. Aber Vorsicht! Verwechseln Sie Verbalerotik oder Dirty Talking nicht mit sinnlicher Sprechweise. (Das wäre äußerst peinlich. Unter Dirty Talking versteht man Verbalerotik, bei der schlüpfrige Doppeldeutigkeiten zum Lustgewinn ins Ohr des anderen geflüstert werden, laut Studien sind Briten darin die Stars. Auch die so genannten „Herrenwitze" sind nicht angebracht. Das alles sollten Sie bei formellen Veranstaltungen unterlassen.) Sinnliches Sprechen entsteht durch elegante Sprechweise, schöne geführte Lippenbewegungen und strahlende Augen. Faszinierende Gespräche kommen völlig ohne anzügliche Bemerkungen aus. Es geht vielmehr darum, dass Sie mit Ihrer Stimme eine so angenehme Atmosphäre schaffen, dass Ihr Vis-à-vis gerne mit Ihnen im Gespräch bleibt.

Vorsicht bei Stimmungs-Schmarotzern!

Hüten Sie sich vor Menschen, die alles schlechtreden und Ihnen die Stimmung verderben. Bei jedem feierlichen Anlass mogeln sich Stimmungs-Schmarotzer unter die Gäste, Langweiler, die von der fröhlichen Stimmung der anderen naschen, ohne selbst etwas zum guten Klima beizutragen. Neid und Unsicherheit sind die Hauptgründe für diesen Mangel an gesellschaftlichem Schliff. Versuchen Sie erst gar nicht, die Laune eines Schmarotzers zu heben. Bewahren Sie sich Ihr Lächeln für Menschen auf, die Ihnen wichtig sind. Wenn Sie doch mit einem dieser Miesepeter reden müssen, dann tun Sie es ihm gleich und jammern Sie ihn an, über irgendein belangloses Thema. So fühlt er sich bestätigt und Sie haben Ihre Pflicht erfüllt. Fassen Sie sich kurz, damit Ihre gute Partylaune nicht verloren geht.

Wer gefährdet Ihre gute Laune?

Bei jeder gesellschaftlichen Verpflichtung gibt es Menschen, die versuchen, Ihnen die Show zu stehlen und Neider, die Ihren Auftritt stören wollen. Wer sich in jeder Gesellschaft sicher bewegen will, sollte mit den unterschiedlichen Partytypen zurechtkommen:

Der Schüchterne
Dieser Gast spricht leise und fühlt sich besonders beim Small Talk unsicher. Ihm ist die große Kunst des kleinen Gespräches peinlich. Da er introvertiert ist und nur ungern plaudert, öffnet er den Mund nur wenig und spricht durch die geschlossene Zahnreihe. Wenn der Geräuschpegel im Raum hoch ist, werden Sie den Schüchternen akustisch kaum verstehen können. Besser ist, Sie nehmen ihn für einige Minuten beiseite und gehen an einen ruhigeren Ort, damit Sie sich ihm widmen können. Vergessen Sie nicht, dass Sie das Gespräch führen müssen, da der Schüchterne mit der Redesituation überfordert ist.

Der Cliquentyp
Dieser Gast fühlt sich besonders unter seinesgleichen wohl. Im Schutz seiner Clique kann er witzig sein, flirten und ausgelassen feiern. Je größer die Gruppe, umso geborgener fühlt er sich. Er ist ein Mitläufer, der selten die Führung übernimmt, sich wichtig fühlt, wenn er Freunde informieren kann, wo gerade gefeiert wird. Gern versucht er, fehlende Cliquenmitglieder zu überreden, auch zum Kern der Truppe zu stoßen. Wichtig sind ihm weniger die einzelnen Personen als vielmehr das Gruppengefühl. Sobald Sie diesen Gast ansprechen, reden Sie gleichzeitig mit der ganzen Gruppe. Stellen Sie geschlossene Fragen, die mit Ja oder Nein schnell zu beantworten sind, z. B. „Haben alle zu trinken?“, „Möchte noch jemand Brötchen?“.

Der Partyclown
Je später der Abend, umso klarer kristallisiert sich der Alleinunterhalter heraus. Mit Lautstärke und unterschiedlich geschmackvollen Witzen kompensiert der klassische Partyclown sein Aussehen. Gelegentlich ist er in der Nähe des Blenders zu finden, den er heimlich bewundert und dessen Aufmerksamkeit ihm wichtig ist. Nicht zuletzt deshalb, weil der meist von den hübschen Damen umringt ist. Es scheint, als würde es dem Partyclown nichts ausmachen, dass die Gesellschaft nicht nur über sein Witzchen, sondern vor allem über ihn lacht. Der Alleinunterhalter wirkt aber nur vordergründig mutig und extrovertiert. Oft versteckt sich hinter jemandem, der Lacher sammelt wie andere Komplimente, eine fragile Psyche. Der Partyclown hat kein Interesse daran, dass die Veranstaltung und damit seine Bühne geschlossen wird. Sie sollten daher ein nahe gelegenes Lokal zum Weiterfeiern empfehlen können, falls Sie persönlich für ein geordnetes Partyende verantwortlich sind!

Der Besserwisser
Dieser Gast versucht sich durch Anekdoten und Bonmots in den Vordergrund zu bringen. Er ist nur selten durch Neues zu beeindrucken und hält Partyplauderei für einen Bildungsauftrag. Auffallend ist, dass dieser Partytyp immer das letzte Wort haben muss. Egal, über welches Thema Sie gerade sprechen, er hat Ähnliches bestimmt schon erlebt und wird Ihnen ausführlich darüber berichten. Sie brauchen gute Nerven und einen noch besseren Vorwand, um sich aus der Affäre zu ziehen. Bringen Sie den Schlaumeier mit anderen Partygästen zusammen, da fühlt er sich wohl und Sie können Kontakte knüpfen!

Der Blender

Dieser Beau sieht blendend aus, ist auffallend gut gekleidet und meist noch unverheiratet. Üblicherweise erscheint er erst, wenn die Party schon in vollem Gange ist. Der Blender verfügt über ausgezeichnete Manieren. Viele halten ihn für einen Frauenhelden und Dandy. Er spricht mit angenehmer Stimme und ist selten laut. Auch wenn er mit vielen Menschen bekannt ist, lassen seine Wesenszüge auf einen Einzelgänger schließen. Egoismus und Selbstverliebtheit stehen seinem Lebensglück im Weg. Dieser Gast kann Ihnen als Meinungsmacher nützlich sein, wenn es um partyrelevante Fragen geht, z. B.: „Welche Musik soll als nächste gespielt werden?" Er gibt vor, viele Menschen von Rang und Namen persönlich zu kennen, sein Name Dropping ist legendär. VIPs, führende Unternehmen oder teure Labels – er ist Experte für In-Themen. Wer jedoch an einer Beziehung mit Tiefgang interessiert ist, wird möglicherweise enttäuscht. Stellen Sie den Blender anderen Gästen vor und achten Sie dabei besonders darauf, ihn erstrahlen zu lassen. Für seinen Schatten sorgt er selbst.

Diätplan Tag 21

Rezeptvorschlag: Frühstück	**Beispiel:**
Arbeiten Sie an Ihrer Flirtfähigkeit und sammeln Sie Erfahrungen. Flirten lernt man nicht aus Büchern! Nützen Sie einen konkreten Anlass, um Ihre Wirkung zu testen!	*Bei der nächsten Vernissage gehe ich bewusst auf andere zu und flirte beim Small Talk.*

Rezeptvorschlag: Mittagessen	**Beispiel:**
Beobachten Sie andere in ihrem Flirtverhalten! Was finden Sie angenehm, was peinlich?	*Unser Paketzusteller hat immer ein Lächeln auf den Lippen, das ist nett. Dass er unsere Assistentinnen jeden Tag hofiert, finde ich anbiedernd.*

Rezeptvorschlag: Abendessen	**Beispiel:**
Mit welchen Menschen finden Sie Flirten besonders schwierig und warum?	*Mit unserem Hauswart finde ich Flirten schwierig, weil er den Blickkontakt nicht hält.*

Herzlichen Glückwunsch
Die Waage zeigt Ihren Erfolg:

Sie haben Ihr Wunschgewicht erreicht

Sie fühlen sich auf dem gesellschaftlichen Parkett sicher

Sie können berufliche und private Gespräche lenken

Die Schule des Sprechens

Die Schule des Sprechens hat das Ziel, Menschen, die durch gute Rhetorik punkten wollen, fundiertes Wissen und die damit verbundenen Fertigkeiten zu vermitteln. Der Leistungskatalog umfasst Kommunikationstraining, Medien- und Pressecoachings, Kameratrainings und gebundene Mediensprache im individuellen Modul-Konzept:

- Atemtechnik
- Sprechtechnik
- Phonetik-Unterricht am Klavier
- Stimm-Modulation
- Rhetorik bzw. Kommunikation auf Deutsch
- Kameracoaching und Sendevorbereitung
- Persönlichkeitstraining
- Rhetorik auf Englisch (Native Speaker)

Alle Unterrichtseinheiten finden im Einzeltraining statt. Die enge Zusammenarbeit zwischen Ihnen und Ihren Trainern garantiert den optimalen Lernerfolg. Zurzeit arbeiten in den Fachabteilungen 21 Experten:

- Atemspezialisten
- Sprechtechniker
- professionelle Sprecher
- geprüfte Schauspieler
- Kamera-Coaches und Kommunikations-Experten
- Wirtschaftscoaches & Medientrainer
- Persönlichkeitstrainer
- Externe Lektoren

Trainingsmöglichkeiten im Überblick: 10er-Block: Basisschulung, 20 Stunden (à 50 Minuten), Schnupperstunde, Stimm- & Bedarfsanalyse, Einschreibgebühr, Teilnahmebestätigung, Follow-up-Stunden: Einzelne Stunden sind nach vorangegangener Buchung möglich. Kommunikations-Expertise: Tatjana Lackner ermittelt in zwei Stunden das rhetorische und stimmliche Können des Kunden. Nach einer Woche sind die Aufnahmen ausgewertet. Im Analysegespräch wird der Ist-Zustand definiert. Ausgaben für Aufbautraining und für Firmenschulungen sind besonders dann sinnvoll, wenn eine Kommunikations-Expertise erfolgt ist. So schützen Sie sich vor Fehlinvestitionen!

Ausbildungen:

- kommissionelle Sprecherausbildung
  Dauer: ca. 1 Jahr, Zertifizierung durch Diplom

- kommissionelle Trainer- und Sprechtrainer- Ausbildung
  Dauer: ca. 1 Jahr, Diplomarbeit, Zertifizierung durch Diplom

Die Schule des Sprechens
Dorotheergasse 7/ 3. Stock
1010 Wien, Österreich

Tel. 0043-1-5138710
schule@sprechen.com
www.sprechen.com

Die Schule des Sprechens – Rhetorik und Kommunikationstraining
Tatjana Lackner, Ronny Hollenstein, Josef Lentsch, öbv & hpt, 2000

Verhandeln im Grenzbereich – Strategien und Taktiken für schwierige Fälle
Matthias Schranner, Econ, 2001

Die Kunst freundlich „Nein" zu sagen – Konsequent und positiv durch Beruf und Alltag
Tanja Baum, Wirtschaftsverlag Ueberreuter, 2001

Präsentieren
Claudia Nöllke, Haufe, 1998

Mediation: Das ABC – Die Kunst, in Konflikten erfolgreich zu vermitteln
Nina L. Dulabaum, Beltz Verlag, 1998

Rhetorik – Die Kunst der Rede
Herbert Genzmer, Dumont, 2003

Personalmanagement, Führung, Organisation
Helmut Kaspar, Wolfgang Mayrhofer, Linde Verlag, 2002

Manipulationen erkennen und abwehren
Thomas Wilhelm, Andreas Edmüller, Haufe, 2005

Zeitschrift: Gehirn & Geist
Chefredakteur: Dr. Carsten Könneker, Herausgeber: Dr. Habil Reinhared Breuer, 3/2005

Der Selfness Trend – Was kommt nach Wellness?
Matthias Horx, Zukunftsinstitut GmbH, 2005

Spiele der Erwachsenen – Psychologie der menschlichen Beziehungen
Eric Berne, Rowohlt, 2002

Sprache und Sprechen in Hörfunk und Fernsehen, Teil II
Melitta Tschapka, ORF, 1987

www.rhetorik.ch

www.sprachpresse.vds-bb.de
Michael Klemm, 06.01.2006

Das neue Handbuch des Journalismus
Wolf Schneider, Paul-Josef Raue, Rowohlt, 2003

Who Am I? the 16 Basic Desires That Motivate Our Actions and Define Our Personalities
Steven Reiss, Berkley Publishing Group, März 2002

„In Bildern reden"
Peter H. Ditko, Norbert Q. Engelen, Econ, 2001

„Die Kunst überzeugend zu reden"
Göran Haag, becksche Reihe, 2003

„Charakteranalyse"
Wilhelm Reich, Kiwi, 2002

„Das Enneagramm"
Helen Palmer, Knaur, 2000

„30 Minuten für mehr Erfolg"
Jörg Löhr, Ulrich Pramann, 2001

WOHLBEFINDEN

Ein Trainingsprogramm für Fitnessbewusste und Hobby-Sportler. Alles, was Sie mitbringen müssen, sind der Wille und die Konsequenz, zumindest 100 Tage durchzuhalten. 100 Tage, die Ihr Leben verändern werden!

ISBN 3-85326-369-0

Besser laufen lernen – kinderleicht, Kräfte sparend, schmerzfrei und ... schneller! Ein leicht verständliches Übungsbuch für Hobbyläufer, die jahrzehntelang Freude am natürlichsten Sport der Welt haben wollen.

ISBN 3-85326-366-6

AUF ALLEN EBENEN

Sich selber spüren, sich selbst vertrauen:
Ihr WOHLBEFINDEN liegt in Ihrer Hand.
Tipps und Tricks, wie Sie den Körper in Form
und die Seele in Schwung bringen können.
Damit es so bleibt, wie es sein soll:
Körper, Geist und Seele in Balance.

ISBN 3-85326-237-6

Mobil und agil bis ins hohe Alter –
ohne Fitnesszwang!
"Vital!" bietet Anleitungen, die jederzeit
umsetzbar sind. Auch ohne Sportausrüstung.
Sie beruhen auf fundierten mentalen und
medizinischen Erkenntnissen.

ISBN 3-7017-3011-3

www.residenzverlag.at